Insekten

ZEICHNEN SCHRITT FÜR SCHRITT

Doug DuBosque

Material

Suche dir einen **behaglichen Platz zum Zeichnen** – mit ausreichend Licht, damit du alles gut im Blick hast.

Wenn du beginnst, dich mit der Anatomie, den Formen und den Proportionen der Insekten vertraut zu machen, brauchst du keine besonderen Materialien.

Verwende einen **Bleistift, der länger ist als dein Finger.** Auch Buntstifte kämen infrage.

Spitze den Bleistift regelmäßig, bevor er zu stumpf wird.

Besorge dir einen **guten Radiergummi.** Ich bevorzuge einen *knetbaren* Radiergummi (den es in Bastelgeschäften gibt). Der Radiergummi an einem Bleistift ist hier nicht geeignet.

Zum Üben reicht **Schmierpapier** – z. B. die Rückseite von Fotokopien oder Computerausdrucken.

Zeichne stets **mit leichtem Strich** vor, damit du weniger gelungene Stellen besser wegradieren kannst.

Bewahre deine Zeichnungen auf, um aus ihnen lernen zu können.

Und nun viel **Spaß** beim Zeichnen der coolen Insekten!

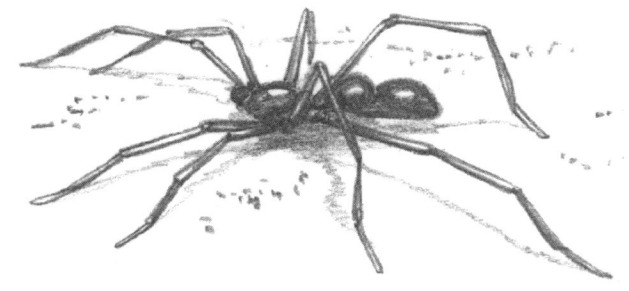

EVERGREEN is an imprint of Benedikt Taschen Verlag GmbH

© für diese Ausgabe: 2000 Benedikt Taschen Verlag GmbH
Hohenzollernring 53, D-50672 Köln

First published in 1998 by Peel Productions, Inc.
Original title: Draw Insects
Copyright © 1998 by Douglas C. DuBosque

Übersetzung aus dem Englischen: Helmut Roß, Krenglbach
Redaktion und Satz der deutschen Ausgabe:
Königsdorfer Medienhaus, Frechen
Umschlaggestaltung: Catinka Keul, Köln

Printed in Korea
ISBN 3-8228-0828-8

Inhalt

Zeichentipps 2

Insekten 4

Auf unserem Planeten leben rund eine Million verschiedene Insektenarten (wer hat sie überhaupt gezählt?). Anstatt auf einer Seite 20 000 oder auch nur 20 Insekten unterzubringen, habe ich jedem Insekt, das ich interessant oder repräsentativ fand, eine eigene Seite eingeräumt. Hoffentlich gefällt dir meine Auswahl.

Insekten-Verwandte 53

Nicht alle Krabbler sind Insekten. (Das Hündchen deines Nachbarn oder dein kleiner Bruder sind beispielsweise keine Insekten; sie mögen zwar manchmal wie Insekten handeln, sind aber deshalb noch keine.) In diesem Kapitel findest du einige beliebte Krabbeltiere; außerdem erfährst du, warum sie dennoch nicht zu den Insekten gehören.

Und nun ein <u>kurzer</u> Lehrgang zum Thema Insekten:

Die Welt der Insekten ist außerordentlich vielfältig; du kannst sie *überall* antreffen, im Schnee ebenso wie im Inneren anderer Tiere. Manche ernähren sich von Pflanzen, andere betätigen sich als Blutsauger und viele von ihnen fressen andere Insekten, Spinnen oder sonstige Krabbeltiere.

Was also ist ein Insekt?

Insekten sind jene Tierchen, die zur Klasse *Insecta* und zum Stamm *Arthropoda* (Gliederfüßer) gehören. Sie bevölkern sämtliche Lebensräume. Gliederfüßer besitzen ein hartes Außenskelett und gegliederte Beine. Auch Krebse und Spinnen sind Gliederfüßer, jedoch keine Insekten.

Insekten besitzen:
- *sechs Beine*
- *zwei Fühler*
- *drei Körperteile*
- *und Flügel? Na ja: vier, zwei oder gar keine*

Denke also an die **sechs Beine**. Und achte auch auf die anderen Dinge.

OK, Ende der Lektion!

Los geht's mit dem Zeichnen ...

*P. S.: Die **eingeschwärzten Abbildungen** oben auf jeder Seite zeigen die tatsächliche Größe des jeweiligen Tiers.*

Ameise

Ordnung Hymenoptera
Familie Formicidae

Ameisen kannst du besonders leicht finden. Ihre Staaten bestehen meist aus flügellosen Arbeitern und geflügelten Geschlechtstieren. Ameisen leben in unterirdischen Nestern oder abgestorbenem Holz. Die meisten können auch „beißen", wenn sie sich gestört fühlen. Die Mehrzahl der Arten lebt von Aas, doch manche ernten auch Samen, zerschneiden Blätter und züchten Pilze unter der Erde. Andere halten sich Blattläuse, um sich von ihrem Honigtau zu ernähren.

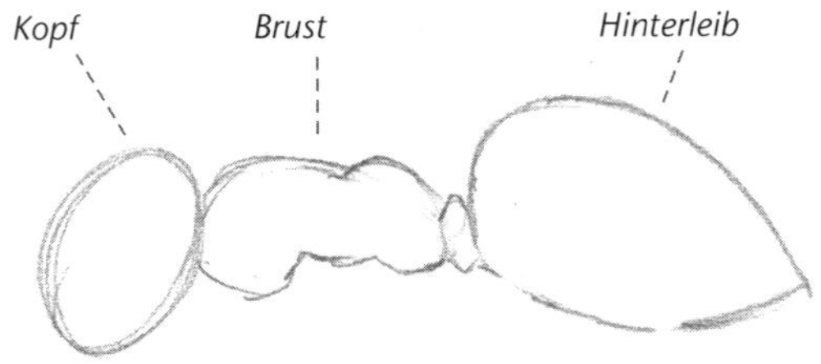

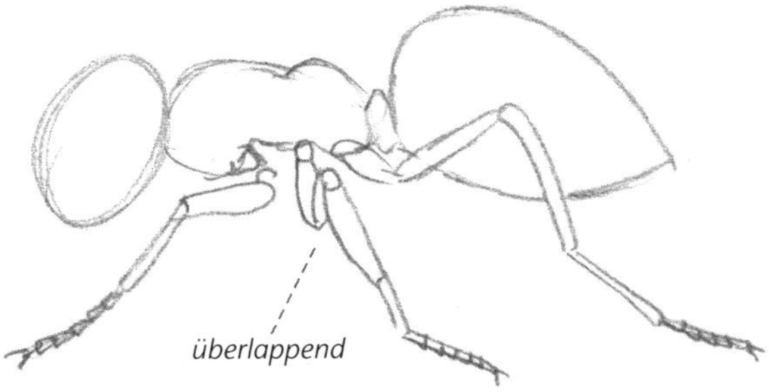

Sieh dir die fertige Zeichnung an, *bevor du beginnst!*

Siehst du
- *drei Körperteile?*
- *sechs Beine?*
- *zwei Fühler?*
- *Flügel?*
- *Augen?*

1. Zeichne den ovalen *Kopf,* die erdnussförmige *Brust* und den spitzovalen *Hinterleib.*

2. Füge das hintere Bein hinzu. *Wie viele Teile siehst du?*

3. Zeichne das mittlere und das vordere Bein. Beachte, dass sich Teile des mittleren Beins *überlappen* – was räumliche Tiefe erzeugt.

4. Füge *Fühler, Auge* und *Mund* hinzu, außerdem die kurzen sichtbaren Abschnitte der dir abgewandten Beine.

5. Füge Schraffuren und Strukturen hinzu. Zeichne unter der Ameise einige Krümel und den Schlagschatten ein. Radiere Schmierflecken weg.

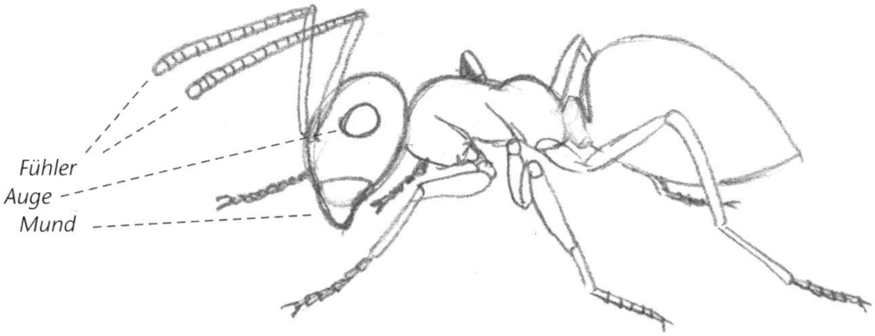

Damit deine Zeichnung realistischer wirkt, kannst du weitere krabbelnde Ameisen hinzufügen. So etwa 234 567 ...

4   Insekten

Blattlaus

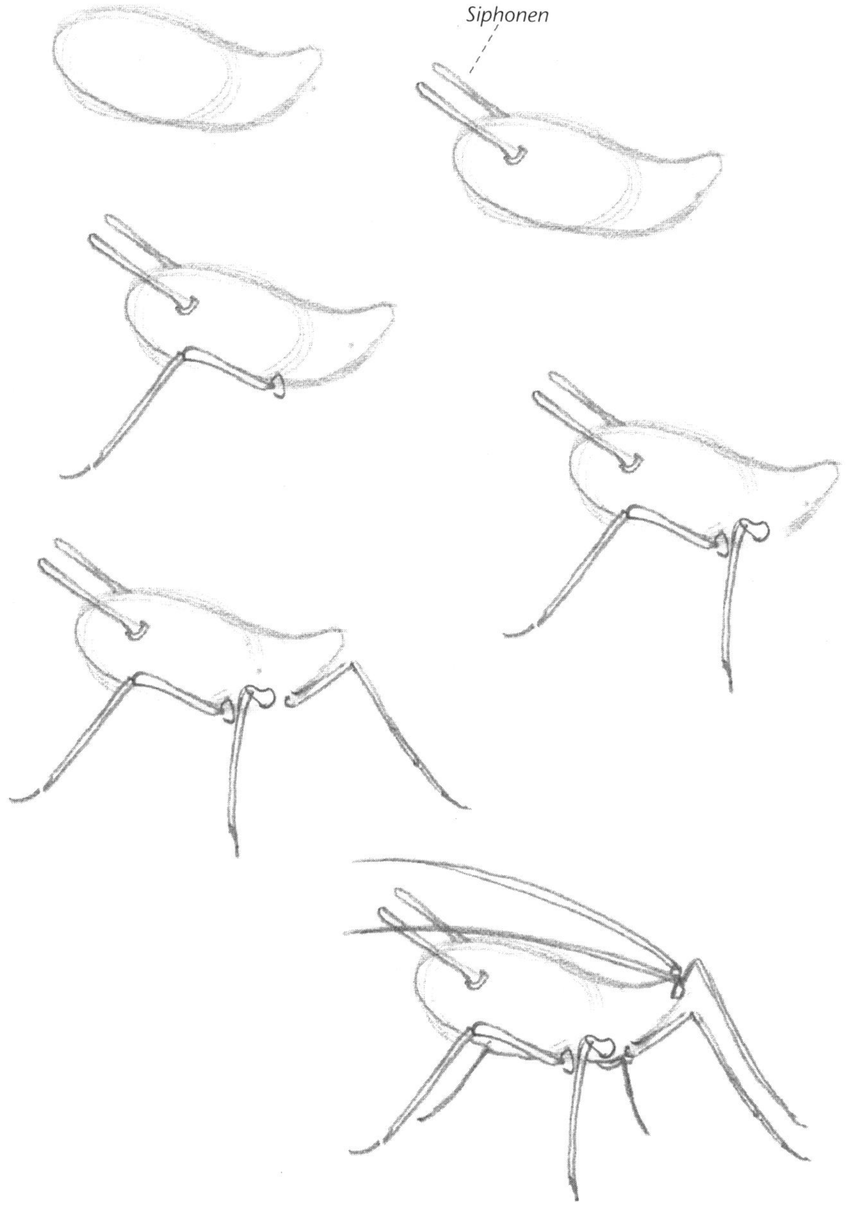

Siphonen

Ordnung Homoptera
Familie Aphididae

Gärtner sind nicht gut auf Blattläuse zu sprechen, denn diese kleinen Pflanzensauger erscheinen in großer Zahl auf Blättern und Stängeln und bringen sie zum Verwelken. Außerdem können sie Pflanzenkrankheiten übertragen. Blattläuse bringen im Frühling und Sommer lebende Junge zur Welt oder legen im Winter Eier. Ameisen helfen ihnen dabei, indem sie die Eier einsammeln, im Winter aufbewahren und die Blattläuse im Frühling von einer Wirtspflanze zur nächsten befördern. Warum? Weil Blattläuse Honigtau ausscheiden, den die Ameisen verzehren.

Sieh dir die fertige Zeichnung an, *bevor du beginnst!*

Siehst du
- *drei Körperteile?*
- *sechs Beine?*
- *zwei Fühler?*
- *Flügel?*
- *Augen?*

1. Zeichne den Körper; er ist etwa birnenförmig.
2. Füge am Hinterleib die markanten *Siphonen* hinzu.
3. Zeichne das hintere Bein ...
4. ... das mittlere Bein ...
5. ... und das vordere Bein.
6. Füge Fühler und Augen hinzu.
7. Schraffiere die Zeichnung und ziehe mit spitzem Bleistift feine Linien nach. Füge einen kurzen Stängel und einen Schlagschatten hinzu.

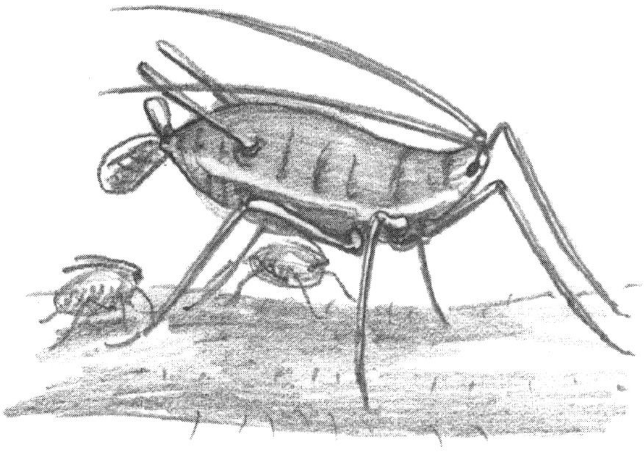

Jetzt kannst du noch einige frisch geschlüpfte Blattläuse dazuzeichnen, die einen großen Appetit auf deine Zimmerpflanzen haben ...

Insekten

Raubwanze

Ordnung Hemiptera (Wanzen)
Familie Reduviidae

Raubwanzen besitzen kräftige Vorderbeine, mit denen sie ihre Beute ergreifen und festhalten. Mit ihrem kurzen, scharfen Schnabel saugen sie ihr Opfer aus.

Sieh dir die fertige Zeichnung an, *bevor du beginnst!*

Siehst du
- *drei Körperteile?*
- *sechs Beine?*
- *zwei Fühler?*
- *Flügel?*
- *Augen?*

Wie sieht das Insekt aus?
- *Glatt? Gemustert?*
- *Hart? Weich?*

1. Zeichne mit leichtem Strich eine Mittellinie und die sechseckige *Brust.* Füge den *Kopf* hinzu.

2. Zeichne die *Flügel.*

3. Füge die Fühler und die eckigen Seiten des *Hinterleibs* hinzu.

4. Zeichne den ersten Abschnitt jedes Beins. Welche Beine sind besonders kräftig?

5. Vervollständige die Beine mit Sorgfalt. Zeichne die Flügeladern ein. Füge Schraffuren, Strukturen und Details hinzu.

Zeichne doch ein Insekt hinzu, das gerade von der Raubwanze attackiert wird!

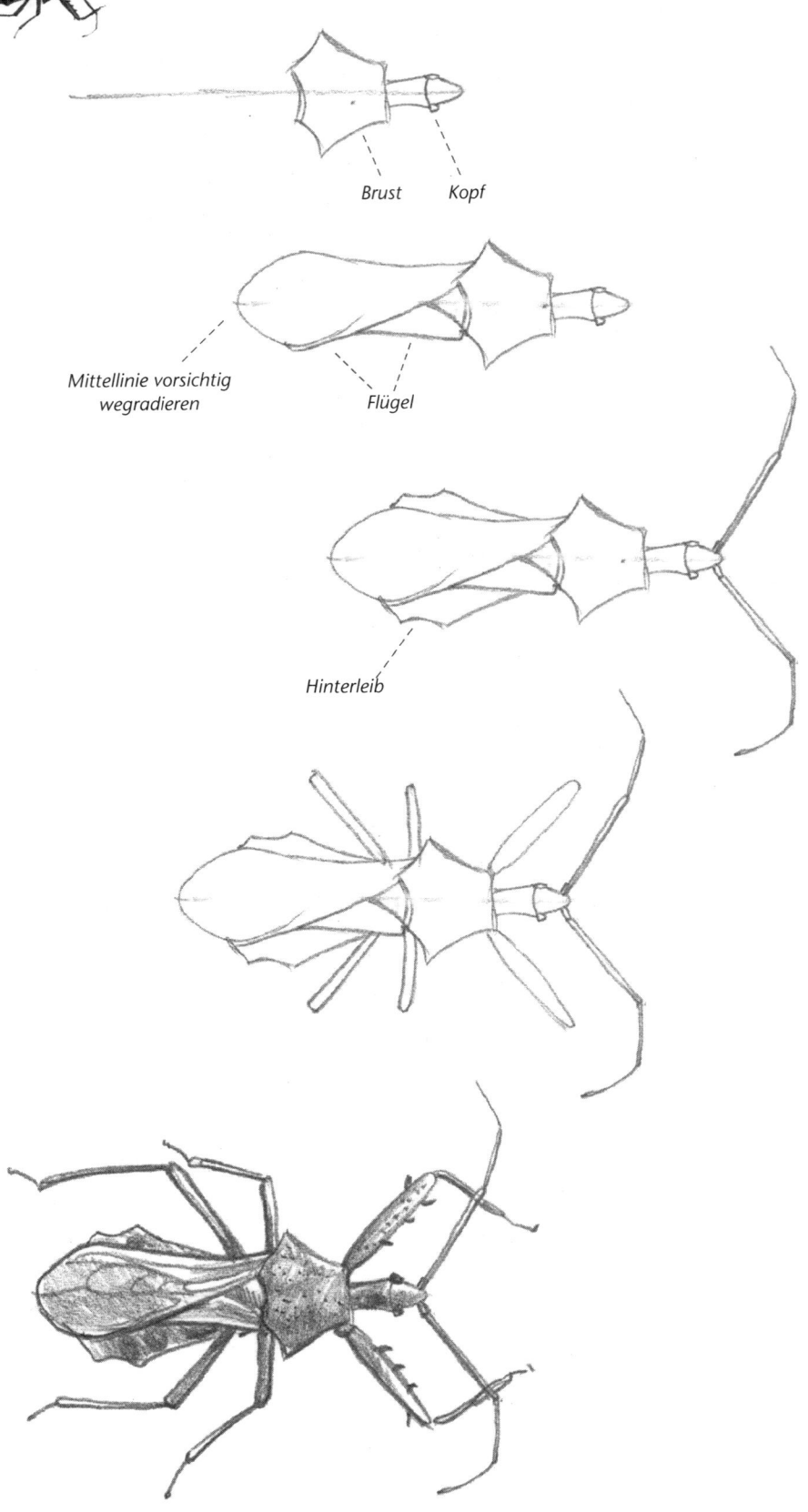

6   Insekten

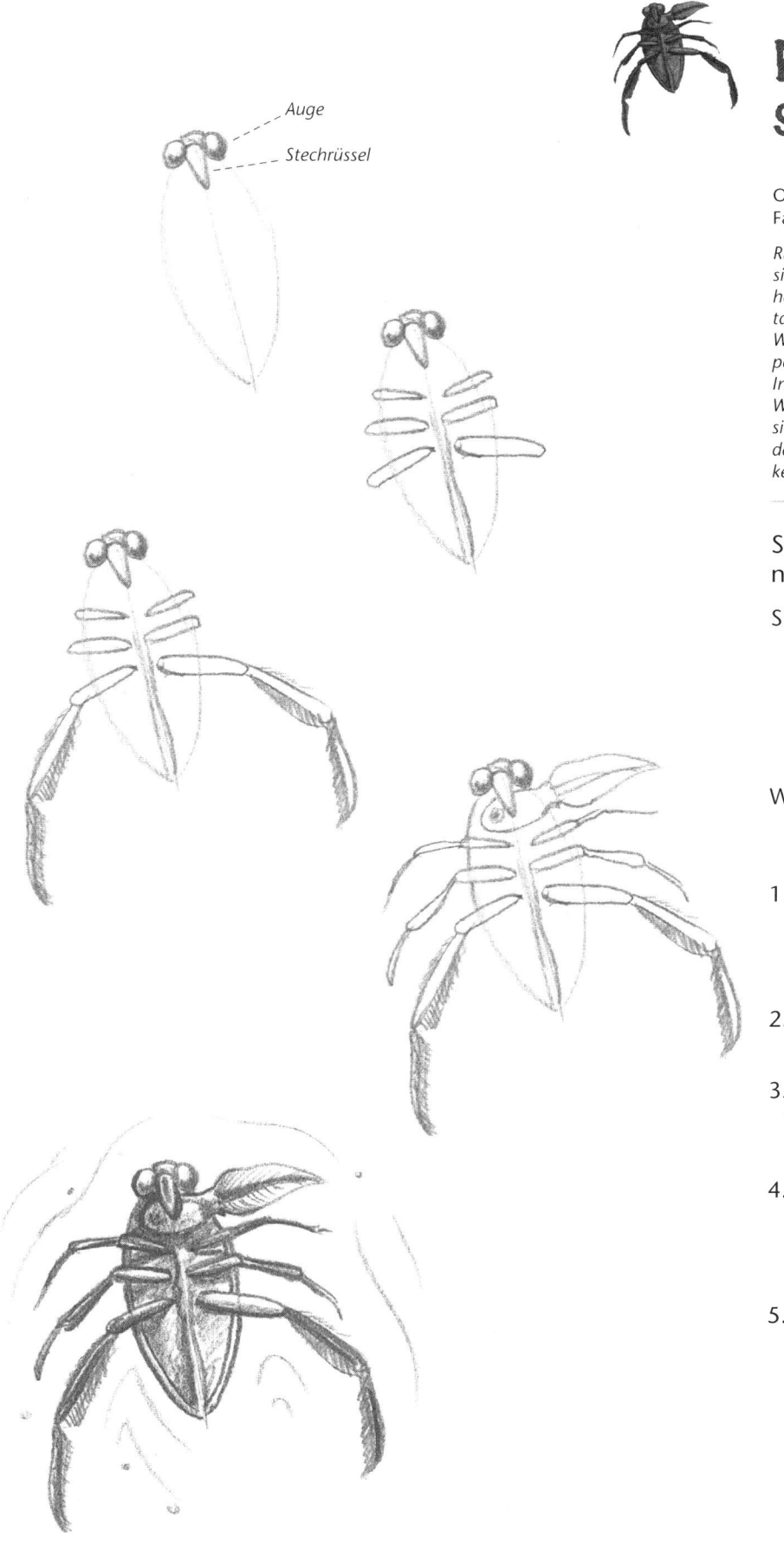

Rücken-schwimmer

Ordnung Hemiptera (Wanzen)
Familie Notonectidae

Rückenschwimmer sieht man meist, wenn sie mit ihren Beinen auf dem Wasser herumpaddeln. Doch sie können auch tauchen und bis zu sechs Stunden unter Wasser bleiben. Sie erbeuten Kaulquappen, kleine Wasserinsekten und andere Insekten, die ins Wasser gefallen sind. Wenn sie in Rückenlage schwimmen, besitzen sie eine Schutzfärbung, ähnlich derjenigen zahlreicher Fische – oben dunkel (Bauch) und unten hell (Rücken).

Sieh dir die fertige Zeichnung an, *bevor du beginnst!*

Siehst du
- *drei Körperteile?*
- *sechs Beine?*
- *zwei Fühler?*
- *Flügel?*
- *Augen?*

Wie sieht das Insekt aus?
- *Glatt? Gemustert?*
- *Hart? Weich?*

1. Zeichne mit leichtem Strich eine Mittellinie, dann die *Augen,* den *Stechrüssel* und den rundlichen Körper.

2. Zeichne den ersten Abschnitt jedes Beins.

3. Füge die federartigen Abschnitte der hinteren Beine hinzu.

4. Zeichne die fehlenden Abschnitte der übrigen Beine und gib deinem Rückenschwimmer Futter.

5. Füge Schraffuren und einige Wellenlinien hinzu, um das Wasser anzudeuten.

Insekten

Bettwanze

Ordnung Hemiptera (Wanzen)
Familie Cimicidae

Diese flachen, rotbraunen Schädlinge können einen wirklich um den Schlaf bringen! Sie sind sehr flink und gehen nachts auf die Suche nach schlafenden Tieren (auch nach Vögeln). Selbst wenn die Suche erfolglos bleibt, macht das nichts, denn ausgewachsene Bettwanzen können ein ganzes Jahr lang ohne Nahrung auskommen.

Sieh dir die fertige Zeichnung an, *bevor du beginnst!*

Siehst du
- *drei Körperteile?*
- *sechs Beine?*
- *zwei Fühler?*
- *Flügel?*
- *Augen?*

Wie sieht das Insekt aus?
- *Glatt? Gemustert?*
- *Hart? Weich?*

1. Zeichne den eichelförmigen *Hinterleib*.

2. Füge *Brust* und *Kopf* hinzu – mit kleinen Knopfaugen, die schon darauf lauern, dich im Schlaf zu erwischen. Vergiss die Fühler nicht!

3. Zeichne den ersten Abschnitt aller sechs Beine.

4. Füge die übrigen Abschnitte hinzu.

5. Füge Schraffuren, Strukturen, Stoppelhaare und *Schlagschatten* hinzu.

Nun gute Nacht und schlafe gut, doch vor der Wanz sei auf der Hut!

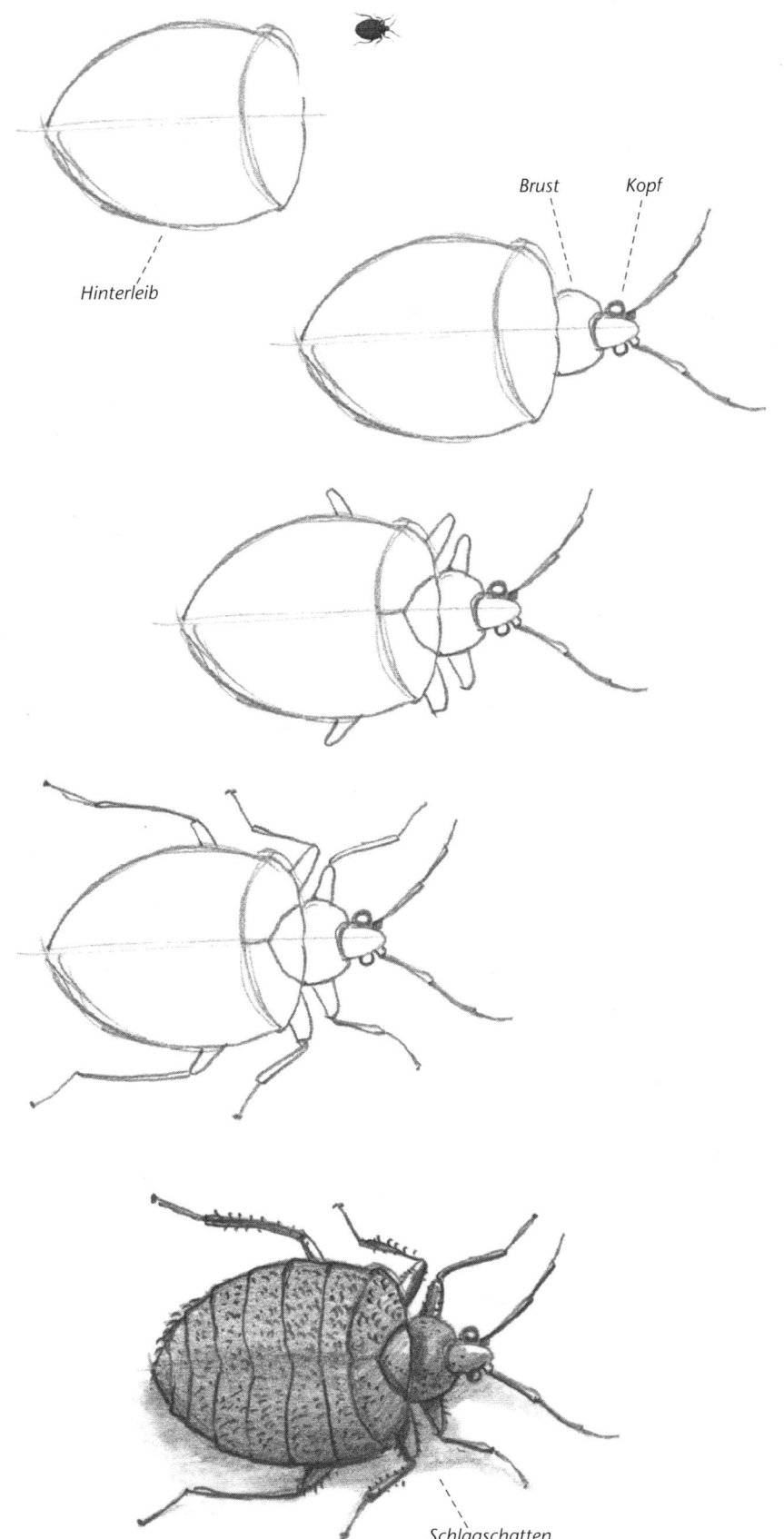

8 Insekten

Kriebelmücke

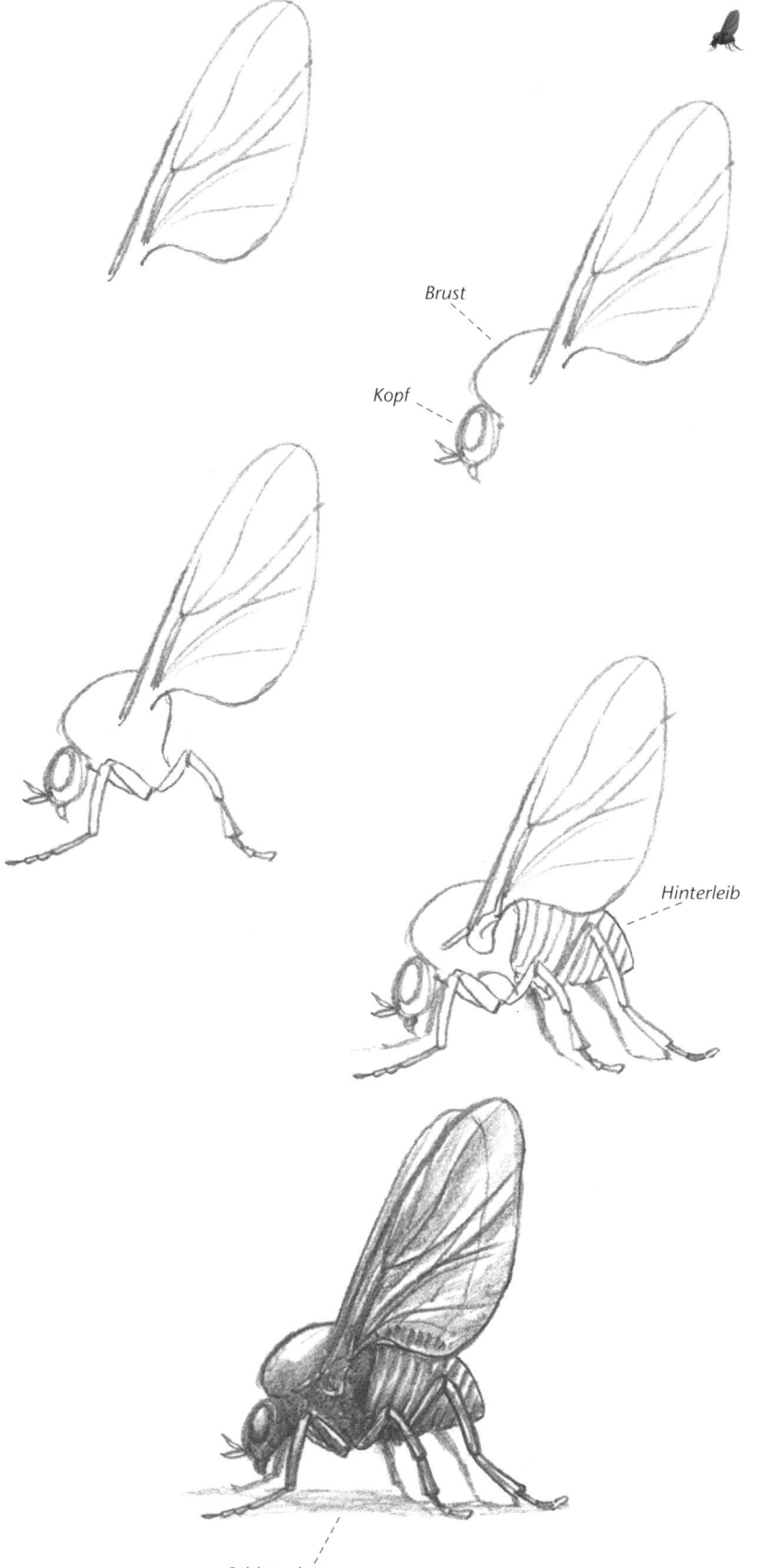

Ordnung Diptera
Familie Simuliidae

Kriebelmücken legen ihre Eier in fließenden Gewässern ab. Ihre Larven verpuppen sich in Kokons, die unter Wasser an Steinen haften. Die geschlüpften Mücken treiben später in einer Luftblase nach oben. Manche Arten übertragen eine Art der Malaria, denen Enten, Gänse, Schwäne und Truthähne zum Opfer fallen.

Sieh dir die fertige Zeichnung an, *bevor du beginnst!*

Siehst du
- *drei Körperteile?*
- *sechs Beine?*
- *zwei Fühler?*
- *Flügel (wie viele)?*
- *Augen?*

Wie sieht das Insekt aus?
- *Glatt? Gemustert?*
- *Hart? Weich?*

1. Zeichne zuerst den leicht geneigten Flügel. Skizziere genau nach der Abbildung die an einer Seite fast gerade und gegenüber stärker gekrümmte Umrisslinie. Füge die Adern hinzu.

2. Zeichne die gekrümmten Linien von *Brust* und *Kopf* sowie das ovale Auge und die kleineren Details.

3. Füge die beiden ersten Beine hinzu.

4. Zeichne das hintere Bein sowie den Hinterleib und die dir abgewandten Beine.

5. Zeichne den *Schlagschatten* und den durchscheinenden zweiten Flügel. Lass beim Schraffieren an Kopf und Körper einige Stellen frei, um die Rundungen zu betonen.

Insekten

Erdhummel

Ordnung Hymenoptera
Familie Apidae

Erdhummeln leben meist in kühleren Zonen; ihre dichte Behaarung dient ihnen als Schutz vor Kälte. Gewöhnlich bauen sie unterirdische Nester. Mit ihren langen Rüsseln können sie auch in die tiefsten Blüten vordringen. Manche Pflanzen sind zur Vermehrung nahezu vollständig auf Erdhummeln angewiesen. So etwa gedieh der von den Engländern in Neuseeland eingeführte Klee erst richtig, nachdem man – auf Anregung von Charles Darwin, dem Begründer der Evolutionstheorie – auch Erdhummeln importiert hatte.

Sieh dir die fertige Zeichnung an, *bevor du beginnst!*

Siehst du
- *drei Körperteile?*
- *sechs Beine?*
- *zwei Fühler?*
- *Flügel (wie viele)?*
- *Augen?*

Wie sieht das Insekt aus?
- *Glatt? Gemustert?*
- *Hart? Weich?*

1. Zeichne die kreisförmige *Brust* und lass für die Flügel auf beiden Seiten genügend Platz. Füge den ovalen *Hinterleib* hinzu und unterteile ihn mit drei Linien.

2. Füge Kopf, Augen und Fühler hinzu.

3. Skizziere einen *vorderen* und *hinteren Flügel*.

4. Füge die gegenüberliegenden Flügel hinzu und zeichne die Adern ein.

5. Zeichne die sechs Beine.

6. Füge Schraffuren, Strukturen und Schlagschatten hinzu. Achte darauf, welche Flächen heller und welche dunkler sind.

Insekten

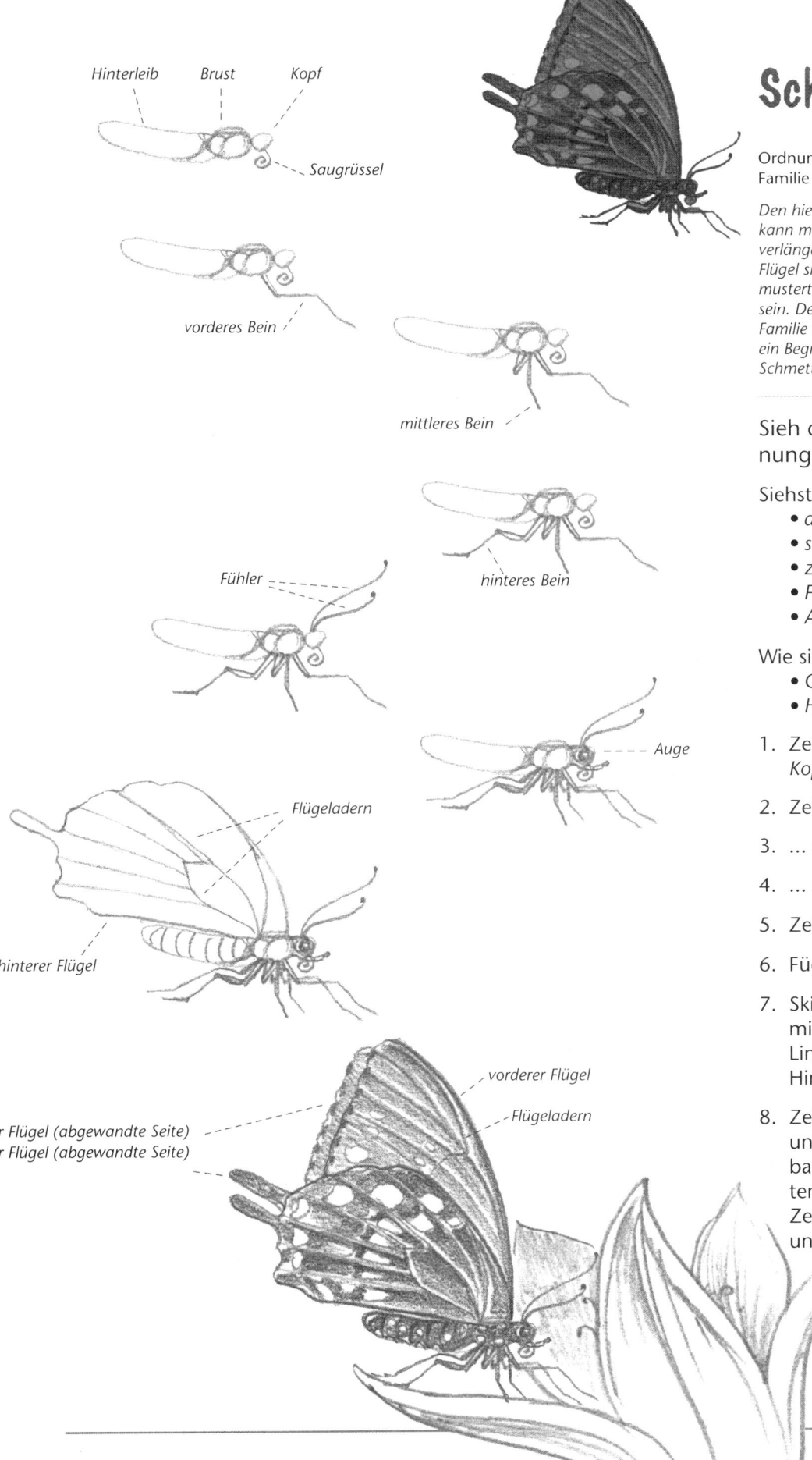

Schmetterling

Ordnung Lepidoptera
Familie Papilionidae

Den hier abgebildeten Schwalbenschwanz kann man leicht an seinen schwanzartig verlängerten Hinterflügeln erkennen. Seine Flügel sind schwarz, gelb oder weiß gemustert und können blau oder rot gefleckt sein. Der Schwalbenschwanz gehört zur Familie der Ritterfalter oder Papilionidae – ein Begriff, der vom französischen Wort für Schmetterling „papillon" abgeleitet ist.

Sieh dir die fertige Zeichnung an, *bevor du beginnst!*

Siehst du
- *drei Körperteile?*
- *sechs Beine?*
- *zwei Fühler?*
- *Flügel (wie viele)?*
- *Augen?*

Wie sieht das Insekt aus?
- *Glatt? Gemustert?*
- *Hart? Weich?*

1. Zeichne *Hinterleib, Brust, Kopf* und *Saugrüssel.*

2. Zeichne das *vordere Bein* ...

3. ... das *mittlere Bein* ...

4. ... und das *hintere Bein.*

5. Zeichne die beiden *Fühler.*

6. Füge das *Auge* hinzu.

7. Skizziere den *hinteren Flügel* mitsamt den Adern. Füge Linien für die Abschnitte des Hinterleibs hinzu.

8. Zeichne den *vorderen Flügel* und füge den kleinen sichtbaren Teil des dir abgewandten Flügelpaares hinzu. Zeichne einige Blütenblätter und schraffiere die Zeichnung. Ziehe die Linien mit spitzem Bleistift nach.

Insekten

Raupe

Ordnung Lepidoptera

Raupen sind die Larven von Schmetterlingen. Manche haben Hörner, Stacheln und Borsten oder sind auffällig gefärbt und gemustert. Alle Raupen besitzen drei Paar Brustbeine und bis zu fünf Paar Bauchfüße.

Sieh dir die fertige Zeichnung an, *bevor du beginnst!*

Siehst du
- *drei Körperteile?*
- *sechs Beine?*
- *zwei Fühler?*
- *Flügel?*
- *Augen?*

Wie sieht das Insekt aus?
- *Glatt? Gemustert?*
- *Hart? Weich?*

1. Zeichne zwei Rechtecke mit zwei kleinen, spitzen Vorsprüngen für die *Beine*.

2. Füge ein weiteres Bein und eine Dreiecksform mit Ausbuchtung für den Kopf sowie einen Punkt für das Auge hinzu. Zeichne oben ein kleines Horn ein.

3. Füge zwei weitere abgerundete Rechtecke für den *Hinterleib* hinzu.

4. Skizziere ein weiteres Rechteck mit einer Ausbuchtung für den *Bauchfuß* ...

5. ... noch ein Rechteck ...

6. ... und zwei weitere ...

7. ... dann drei Segmente ohne Fuß und ein letztes Segment mit einem speziellen Bauchfuß, dem Nachschieber.

8. Füge Muster und Schraffuren hinzu, doch lass einen waagerechten Streifen heller, damit die Raupe glänzt.

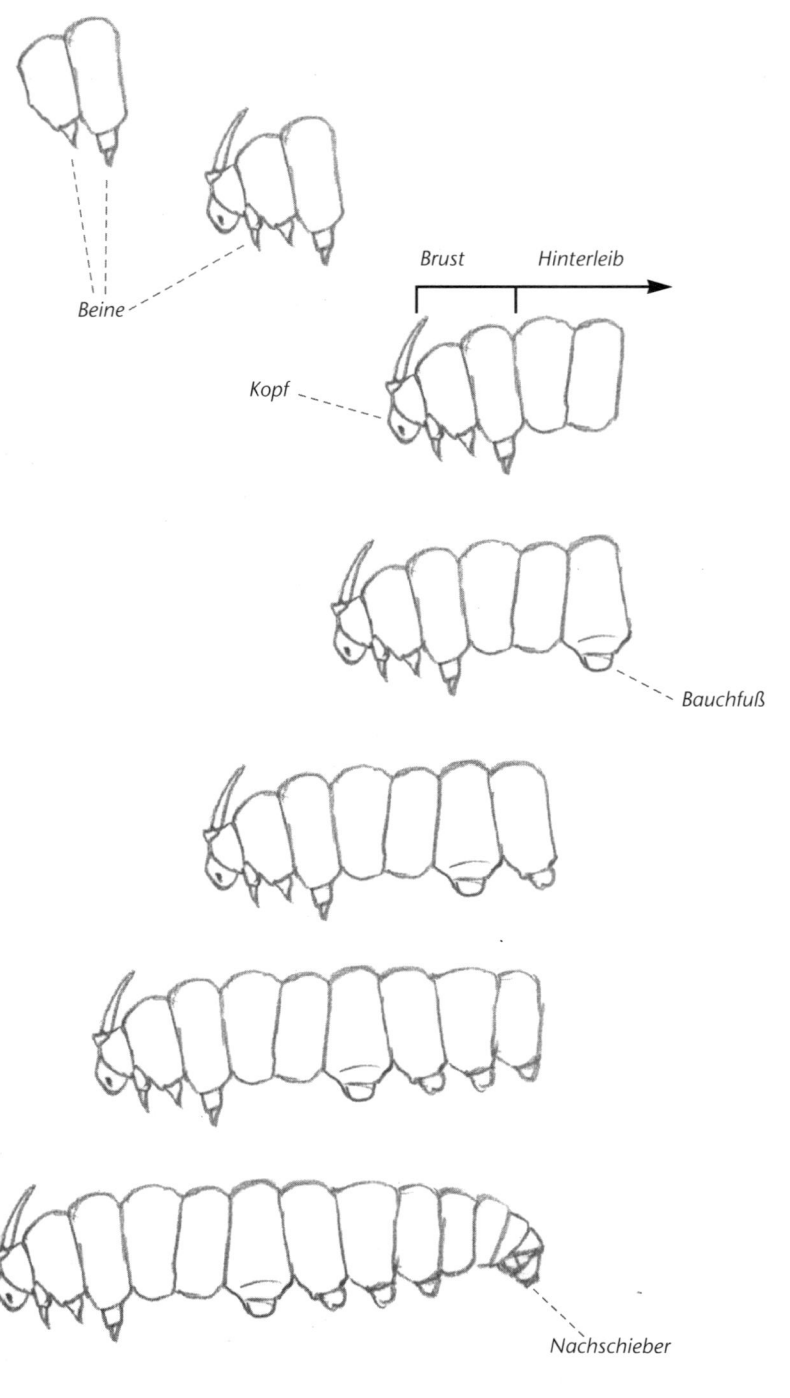

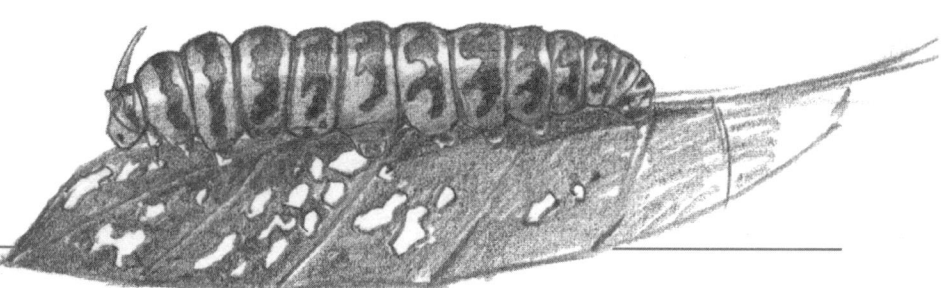

12 Insekten

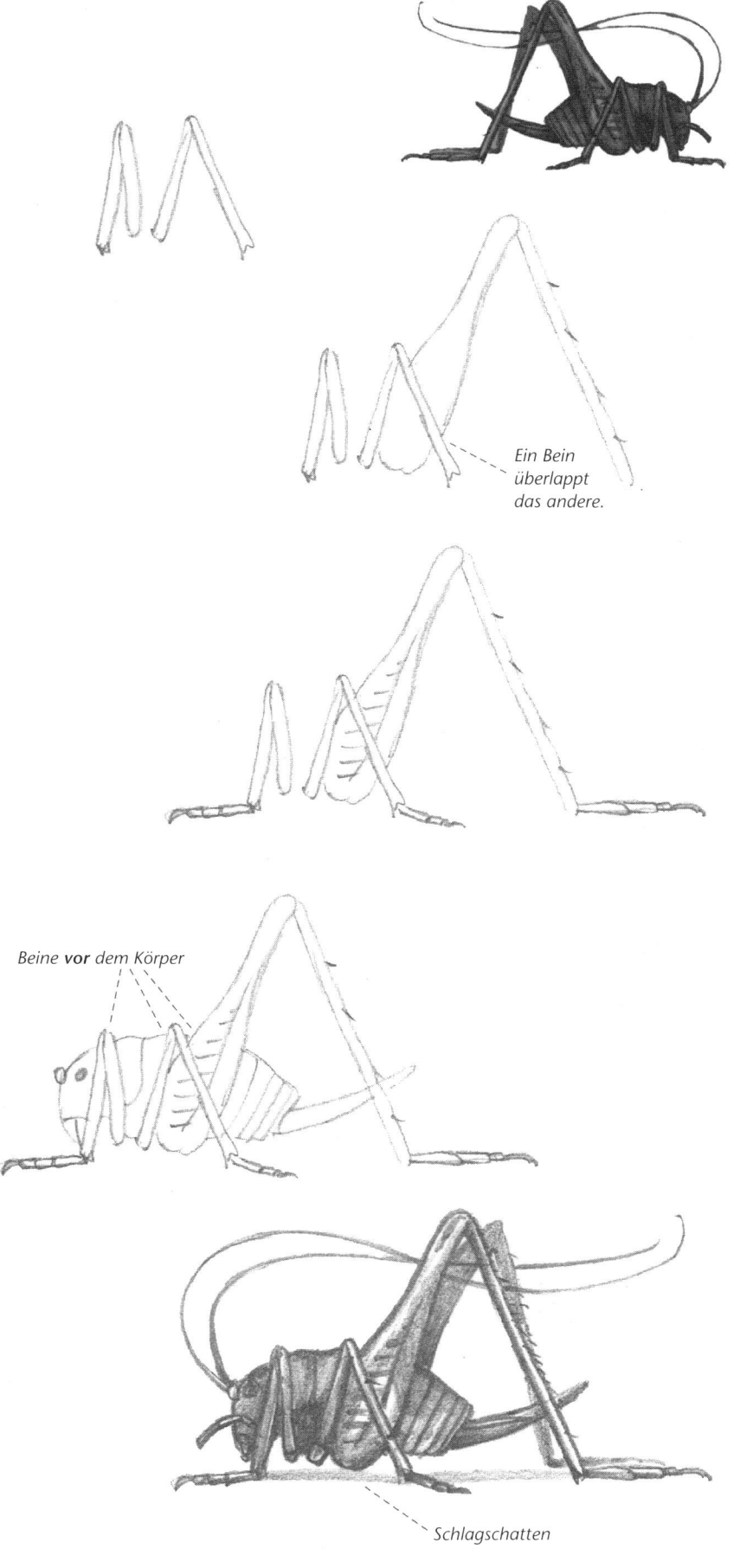

Höhlenschrecke

Ordnung Orthoptera
Familie Gryllacrididae

Die meisten Mitglieder dieser Familie sind flügellos. Sie leben in Höhlen und Kellern oder an anderen dunklen Orten – unter Baumstämmen, Steinen oder Rinde. Manche Arten erzeugen einen zirpenden Laut, doch im Gegensatz zu den Feldgrillen verhalten sich die meisten vollkommen still. Ihre langen Fühler und Beinborsten warnen sie vor sich nähernden Feinden wie Spinnen und Hundertfüßern.

Sieh dir die fertige Zeichnung an, *bevor du beginnst!*

Siehst du
- *drei Körperteile?*
- *sechs Beine?*
- *zwei Fühler?*
- *Flügel?*
- *Augen?*

Wie sieht das Insekt aus?
- *Glänzend? Glatt?*
- *Hart? Weich?*

1. Beginne mit zwei abgewinkelten Beinen, die zusammen wie ein „M" aussehen.

2. Zeichne dahinter das kräftige Sprungbein ein.

3. Vervollständige die Beine und zeichne auf dem größten Bein das Muster ein.

4. Sieh genau hin und zeichne Schritt für Schritt die sichtbaren Teile des Körpers.

   Da du die Beine zuerst gezeichnet hast, wird deutlich, dass sie den Körper zum Teil verdecken. Dies verleiht deiner Zeichnung mehr Tiefe.

5. Füge Schraffuren, sehr lange Fühler, das dir abgewandte Hinterbein (dunkelgrau schraffiert) und einen schmalen *Schlagschatten* hinzu.

Insekten

Singzikade

Ordnung Homoptera
Familie Cicadidae

Singzikaden leben in Bäumen und erzeugen einen lauten, pulsierenden Summton. Sie legen ihre Eier auf angeritzten Zweigen ab, die danach meist absterben und zu Boden fallen. Die Nymphen ernähren sich von Wurzeln, ehe sie einen Baum erklimmen. Bestimmte Zikaden wiederholen diesen Zyklus nur alle 13 oder 17 Jahre.

Sieh dir die fertige Zeichnung an, *bevor du beginnst!*

Siehst du
- *drei Körperteile?*
- *sechs Beine?*
- *zwei Fühler?*
- *Flügel (wie viele)?*
- *Augen?*

Wie sieht das Insekt aus?
- *Glatt? Gemustert?*
- *Hart? Weich?*

1. Zeichne ein abgerundetes Dreieck mit je einem kleinen Kreis an der linken und unteren Seite.

2. Füge auf der freien Seite den erdnussförmigen Körper hinzu.

3. Skizziere die *vorderen Flügel* – einer weist senkrecht nach unten, der andere schräg nach oben.

4. Skizziere die *hinteren Flügel*.

5. Zeichne am oberen Vorderflügel sorgfältig die Adern ein. Nimm dir Zeit und sieh genau hin!

6. Arbeite mit der gleichen Sorgfalt die übrigen Flügel aus. Zeichne die Beine und Körpersegmente. Abschließend schraffieren und Linien mit spitzem Stift nachziehen.

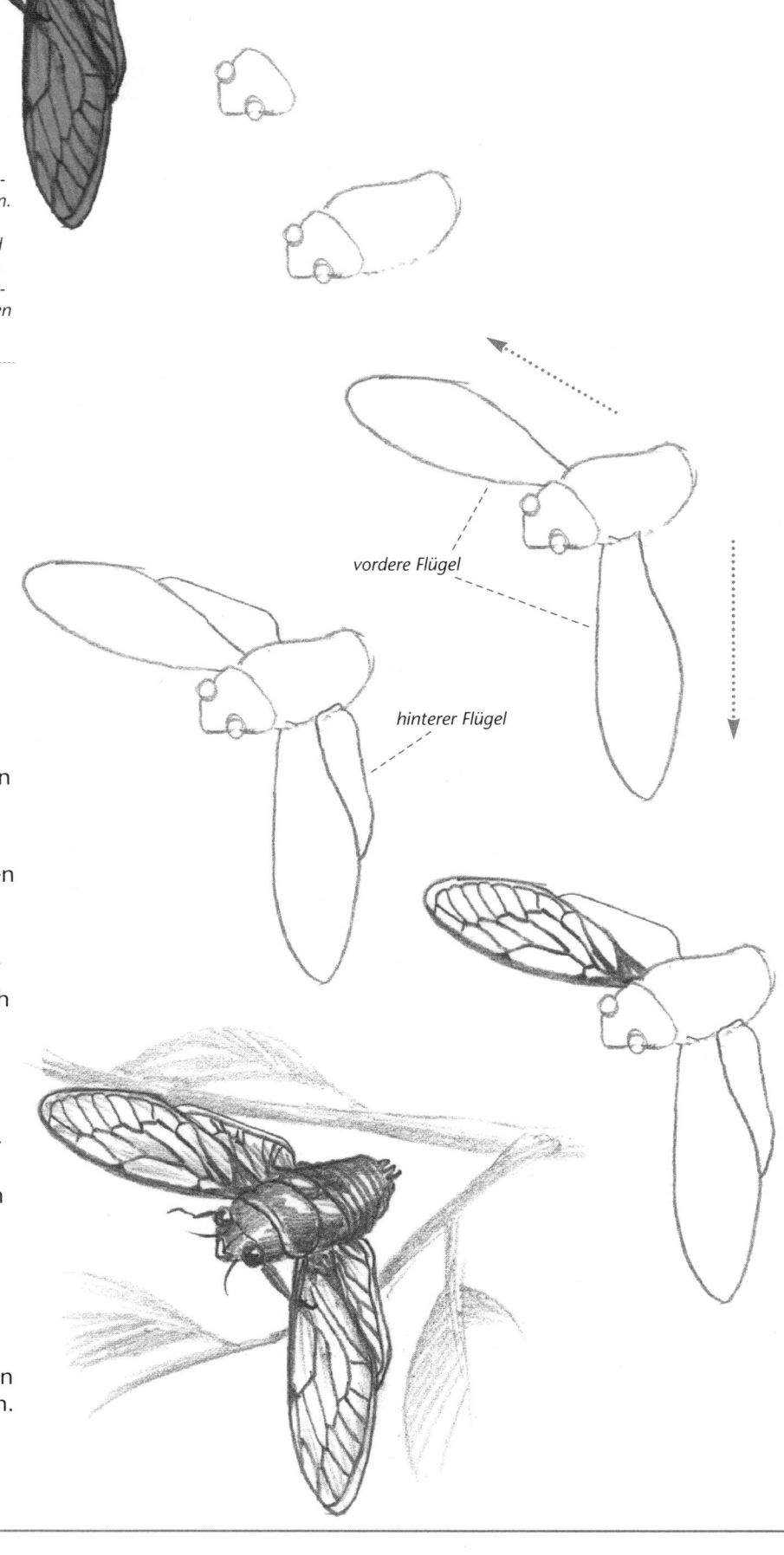

14 Insekten

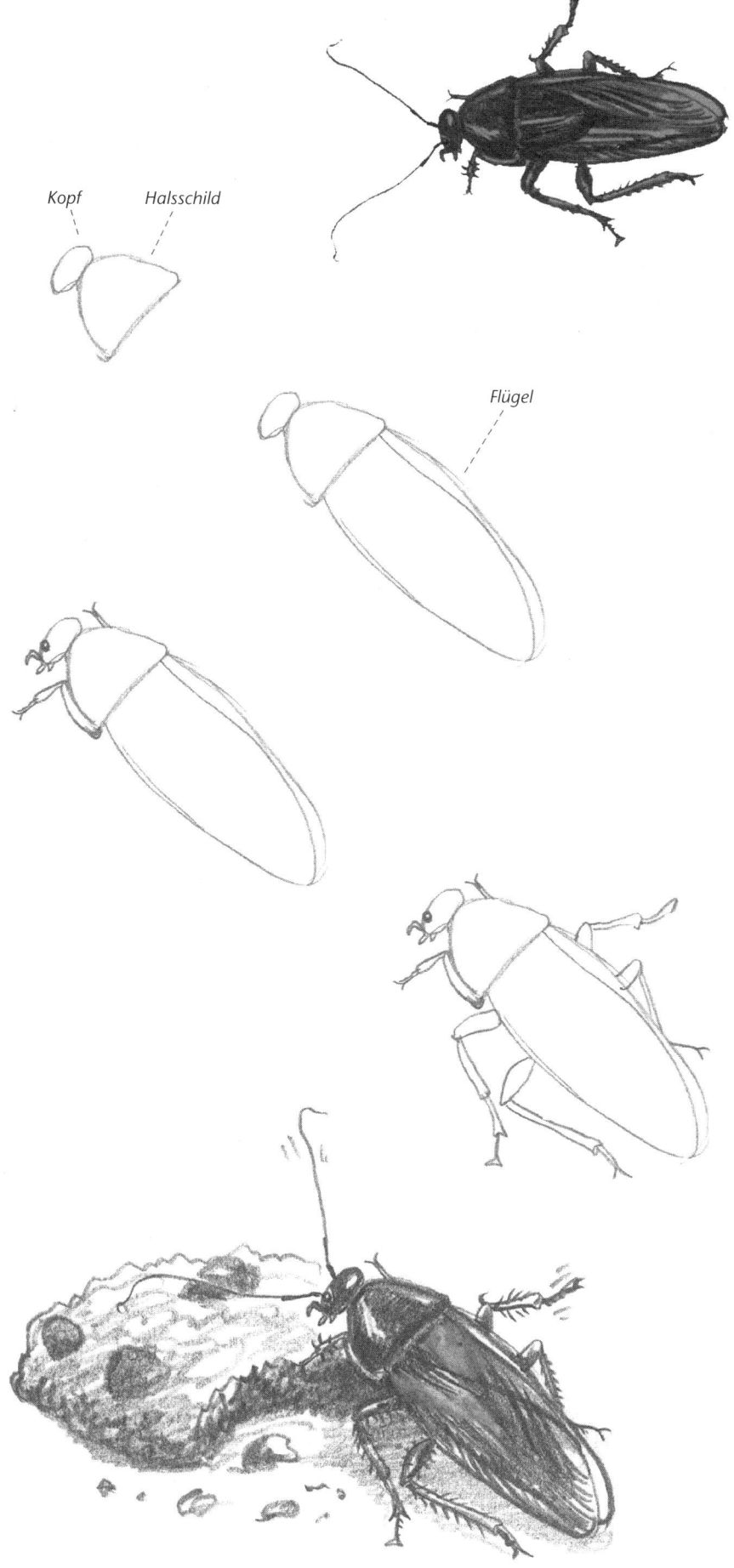

Küchenschabe

Ordnung Blattodea
Familie Blattidae

Küchenschaben übertragen zwar keine für den Menschen gefährlichen Krankheiten, doch sie verseuchen Lebensmittel und riechen unangenehm. Die flinken, nachtaktiven Tierchen verbergen sich tagsüber in Ritzen. Sie fliegen fast nie, obwohl Schaben mit 350 Millionen Jahren zu den ältesten geflügelten Insekten zählen. Infolge der zahlreichen Versuche, ihrer mit Schädlingsbekämpfungsmitteln Herr zu werden, sind viele von ihnen dagegen inzwischen immun. Auch Aushungern bringt nicht viel.

Sieh dir die fertige Zeichnung an, *bevor du beginnst!*

Siehst du
- *drei Körperteile?*
- *sechs Beine?*
- *zwei Fühler?*
- *Flügel (wie viele)?*
- *Augen?*

Wie sieht das Insekt aus?
- *Glatt? Gemustert?*
- *Hart? Weich?*

1. Zeichne ein kleines, flaches Oval für den Kopf und einen geschlossenen Halbkreis für den *Halsschild*.

2. Füge die länglichen *Flügel* hinzu.

3. Zeichne den Kopf fertig und füge die sichtbaren Teile der vorderen Beine hinzu.

4. Zeichne die übrigen beiden Beinpaare sorgfältig ein.

5. Füge die Fühler und die borstigen Beinhaare hinzu und schraffiere die Zeichnung.

Um deine Zeichnung lebendiger zu machen, kannst du deine Küchenschabe an einem Schokokeks knabbern lassen!

Insekten

Ameisenwespe

Ordnung Hymenoptera
Familie Mutillidae

Bei der Arbeit an diesem Buch stieß ich im Hinterhof auf eine Ameisenwespe. Sie lief so schnell, dass ich kaum ihre Beine zählen konnte. Zum Glück habe ich sie nicht aufgehoben, denn der Stich dieser flügellosen Wespe ist sehr schmerzhaft. Die Europäische Ameisenwespe dringt in Hummelnester ein und legt dort ihre Eier ab. Ihr Körper ist braunrot, ihr Hinterleib schwarzblau.

Sieh dir die fertige Zeichnung an, *bevor du beginnst!*

Siehst du
- *drei Körperteile?*
- *sechs Beine?*
- *zwei Fühler?*
- *Flügel?*
- *Augen?*

Wie sieht das Insekt aus?
- *Glatt? Gemustert?*
- *Hart? Weich?*

1. Zeichne den ovalen Kopf, das Auge und die gegliederten Fühler.

2. Füge für *Brust* und *Hinterleib* zwei größere Ovale hinzu.

3. Zeichne auf dem gesamten Körper zahlreiche Härchen ein. Mit einem Buntstift kannst du die hellen Flächen leuchtend rot und die dunklen Flächen schwarz ausmalen.

4. Zeichne ein langes, borstiges Bein ...

5. ... und noch eins ...

6. ... und ein drittes.

7. Füge die drei dir abgewandten Beine, einige Sandkörner oder Kiesel und einen Schlagschatten hinzu.

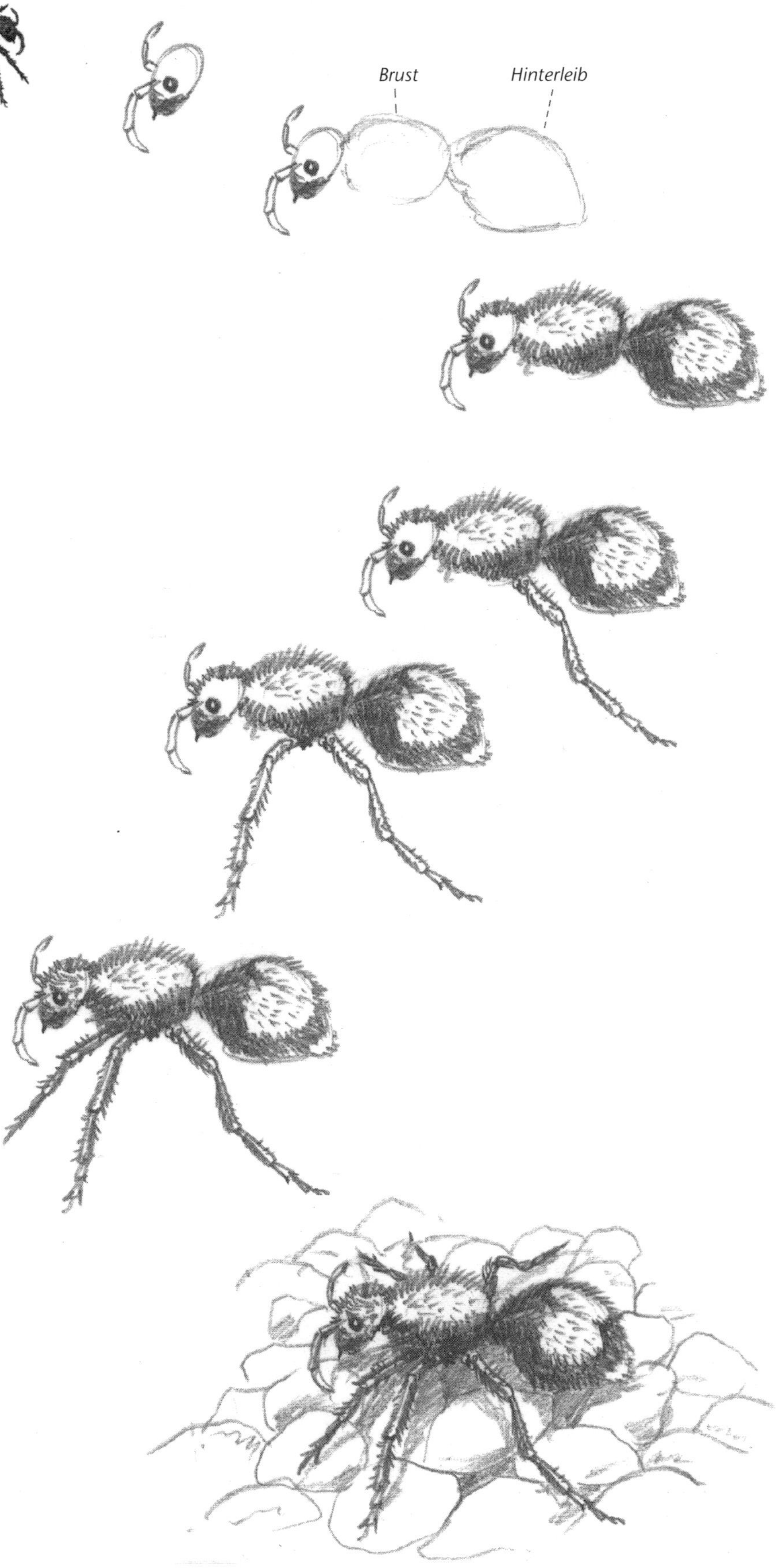

Insekten

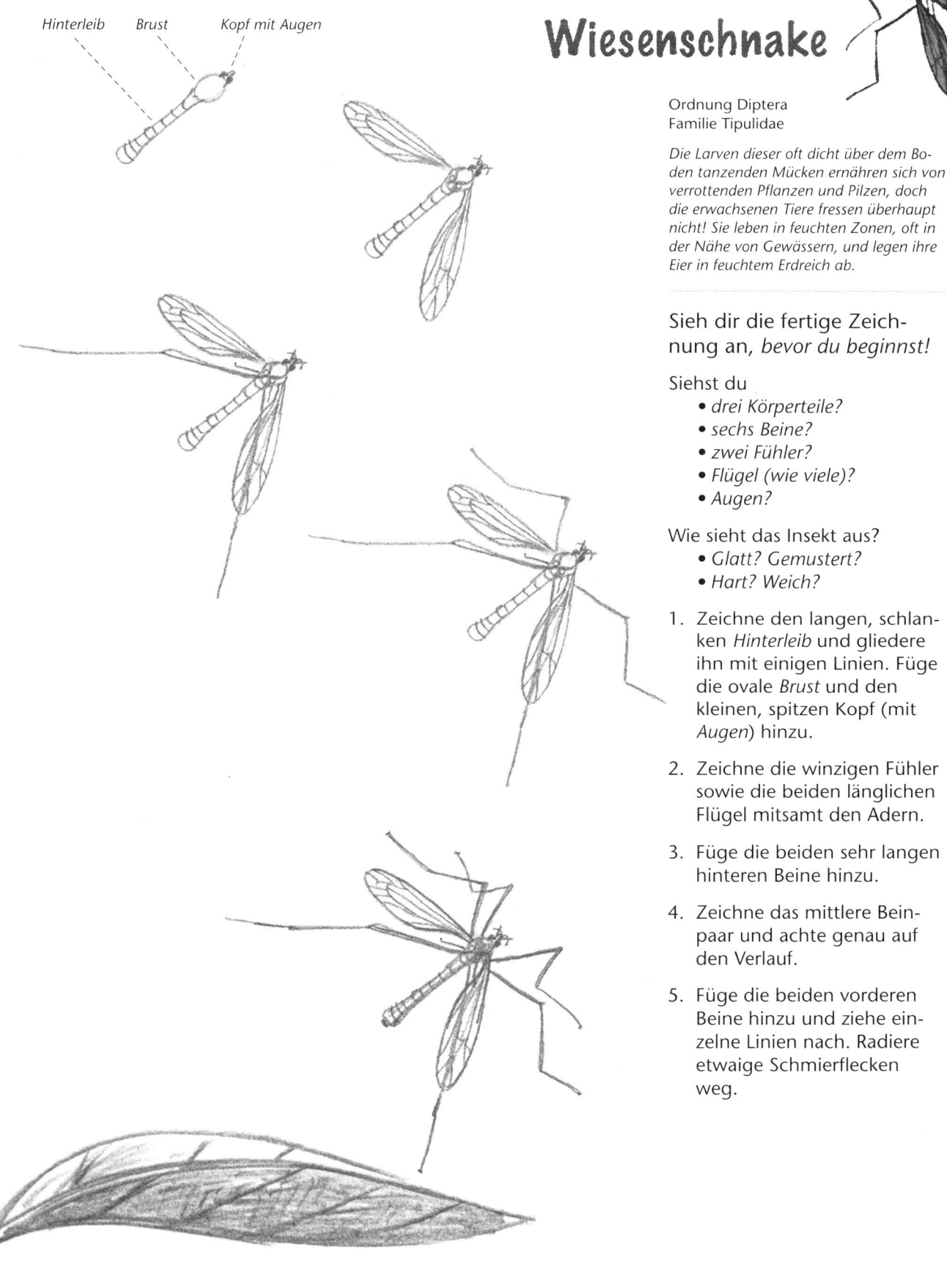

Wiesenschnake

Ordnung Diptera
Familie Tipulidae

Die Larven dieser oft dicht über dem Boden tanzenden Mücken ernähren sich von verrottenden Pflanzen und Pilzen, doch die erwachsenen Tiere fressen überhaupt nicht! Sie leben in feuchten Zonen, oft in der Nähe von Gewässern, und legen ihre Eier in feuchtem Erdreich ab.

Sieh dir die fertige Zeichnung an, *bevor du beginnst!*

Siehst du
- *drei Körperteile?*
- *sechs Beine?*
- *zwei Fühler?*
- *Flügel (wie viele)?*
- *Augen?*

Wie sieht das Insekt aus?
- *Glatt? Gemustert?*
- *Hart? Weich?*

1. Zeichne den langen, schlanken *Hinterleib* und gliedere ihn mit einigen Linien. Füge die ovale *Brust* und den kleinen, spitzen Kopf (mit *Augen*) hinzu.

2. Zeichne die winzigen Fühler sowie die beiden länglichen Flügel mitsamt den Adern.

3. Füge die beiden sehr langen hinteren Beine hinzu.

4. Zeichne das mittlere Beinpaar und achte genau auf den Verlauf.

5. Füge die beiden vorderen Beine hinzu und ziehe einzelne Linien nach. Radiere etwaige Schmierflecken weg.

Insekten

Blind-bremse

Ordnung Diptera
Familie Tabanidae

Wenn diese Fliege auf ihre Beute zusteuert, ähnelt sie einem Düsenflugzeug. Für Menschen ist sie überaus lästig, da sie gemein zubeißen kann. Wie bei den Pferdebremsen und Mücken ernähren sich nur die weiblichen Tiere von Blut (die männlichen dagegen von Pflanzensaft). Die Larven erbeuten kleine Wasserinsekten. Manche Bremsen übertragen Bakterien, die bei Kaninchen, Hasen und bisweilen auch bei Menschen die so genannte Nagerpest auslösen können.

Sieh dir die fertige Zeichnung an, *bevor du beginnst!*

Siehst du
- *drei Körperteile?*
- *sechs Beine?*
- *zwei Fühler?*
- *Flügel (wie viele)?*
- *Augen?*

Wie sieht das Insekt aus?
- *Glatt? Gemustert?*
- *Hart? Weich?*

1. Zeichne den *Kopf* und die beiden Augen, dann ein Oval und ein abgerundetes Rechteck für *Brust* und *Hinterleib*.

2. Füge die über den Hinterleib hinausragenden Flügel hinzu.

3. Zeichne die sechs Beine und die beiden Fühler.

4. Zeichne das Rückenmuster und die Flügeladern ein. Schraffiere die Augen, aber lass ein Glanzlicht frei.

5. Schraffiere Kopf, Brust und Hinterleib. Bearbeite die Flügel so, dass sie leicht durchscheinend wirken und die Beine noch sichtbar sind.

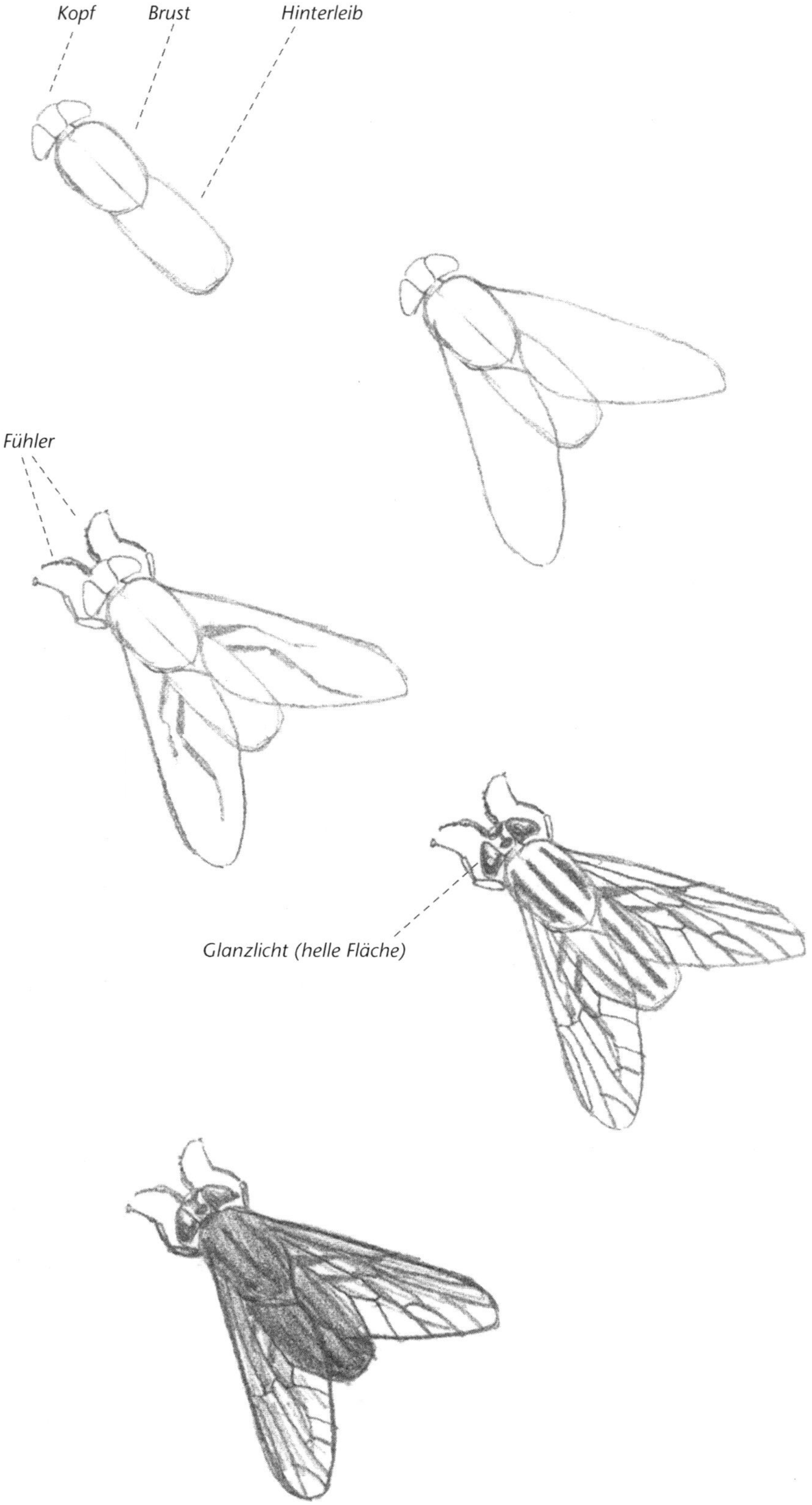

Kopf   Brust   Hinterleib

Fühler

Glanzlicht (helle Fläche)

18   Insekten

Dolchwespe

Ordnung Hymenoptera
Familie Scoliidae

Blatthornkäfer mögen Dolchwespen aus triftigem Grund nicht, denn die weibliche Dolchwespe gräbt sich bisweilen Dutzende von Zentimetern ins Erdreich vor, um eine Käferlarve zu finden. Dann lähmt sie ihr Opfer mit einem Stich, gräbt eine kleine Kammer und heftet ein Ei an die Larve, die der geschlüpften Wespenlarve später als Nahrung dient.

Sieh dir die fertige Zeichnung an, *bevor du beginnst!*

Siehst du
- *drei Körperteile?*
- *sechs Beine?*
- *zwei Fühler?*
- *Flügel (wie viele)?*
- *Augen?*

1. Zeichne den geneigten länglichen *Hinterleib* und die ovale Brust. Verbinde sie durch eine schmale Einschnürung – die typische *Wespentaille*.

2. Füge Hals und Kopf mit einem großen Auge und einer hellen Fläche als Glanzlicht hinzu. Zeichne Mundwerkzeuge und Fühler ein.

3. Füge die Beine sorgfältig hinzu (vorher die einzelnen Abschnitte zählen). Beachte, dass das hintere Bein im Flug stellenweise durch das mittlere Bein *verdeckt* wird.

4. Zeichne die Flügel (in dieser Perspektive sind nur die beiden zugewandten Flügel sichtbar). Gliedere den Hinterleib mit feinen Strichen.

5. Füge Schraffuren und Strukturen hinzu.

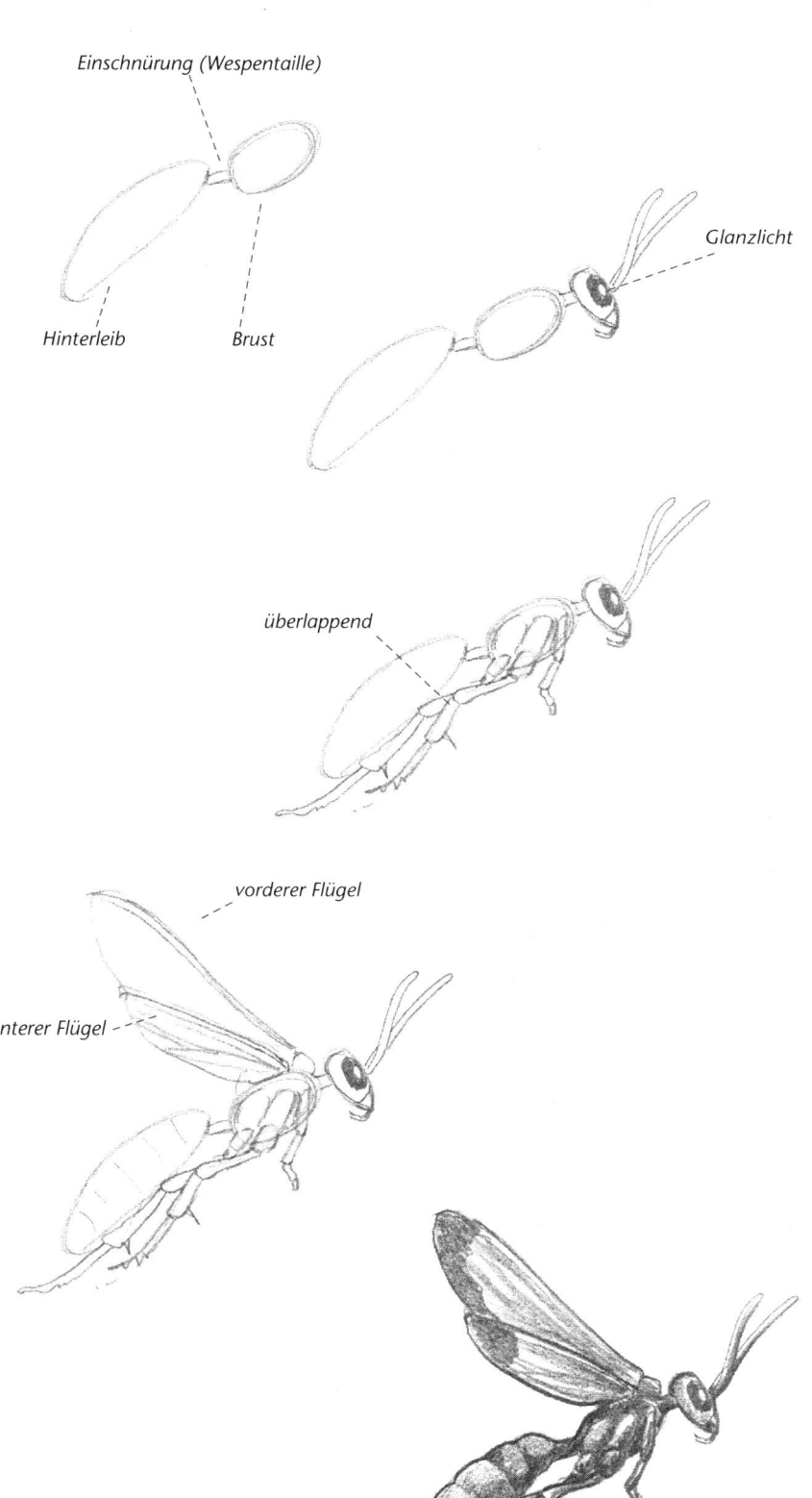

Insekten 19

Libelle

Ordnung Odonata
Unterordnung Anisoptera

Libellenlarven leben in Teichen und Bächen, deshalb sieht man auch geschlüpfte Libellen häufig in Wassernähe (in einem Umkreis von mehreren Kilometern). Die meist bunt schillernden Libellen sind in der Regel gewandte Flieger, die beispielsweise Mücken im Flug erbeuten. Und sie sind flink.

Sieh dir die fertige Zeichnung an, *bevor du beginnst!*

Siehst du
- *drei Körperteile?*
- *sechs Beine?*
- *zwei Fühler?*
- *Flügel (wie viele)?*
- *Augen?*

Wie sieht das Insekt aus?
- *Glatt? Gemustert?*
- *Hart? Weich?*

1. Beginne mit zwei kleinen Kreisen für *Kopf* und *Brust* und einem langen, schmalen Rechteck für den *Hinterleib*.

2. Zeichne den ersten *hinteren Flügel*.

3. Füge den *vorderen* Flügel hinzu.

4. Zeichne die beiden entgegengesetzten Flügel.

5. Zeichne den Kopf fertig und füge Vorderbeine, Flügeladern und Hinterleibslinien hinzu.

6. Vollende die Zeichnung, indem du den Körper schraffierst und an den Flügeln unzählige Zellen einzeichnest. Lass dir viel Zeit!

Eine listige Libelle!

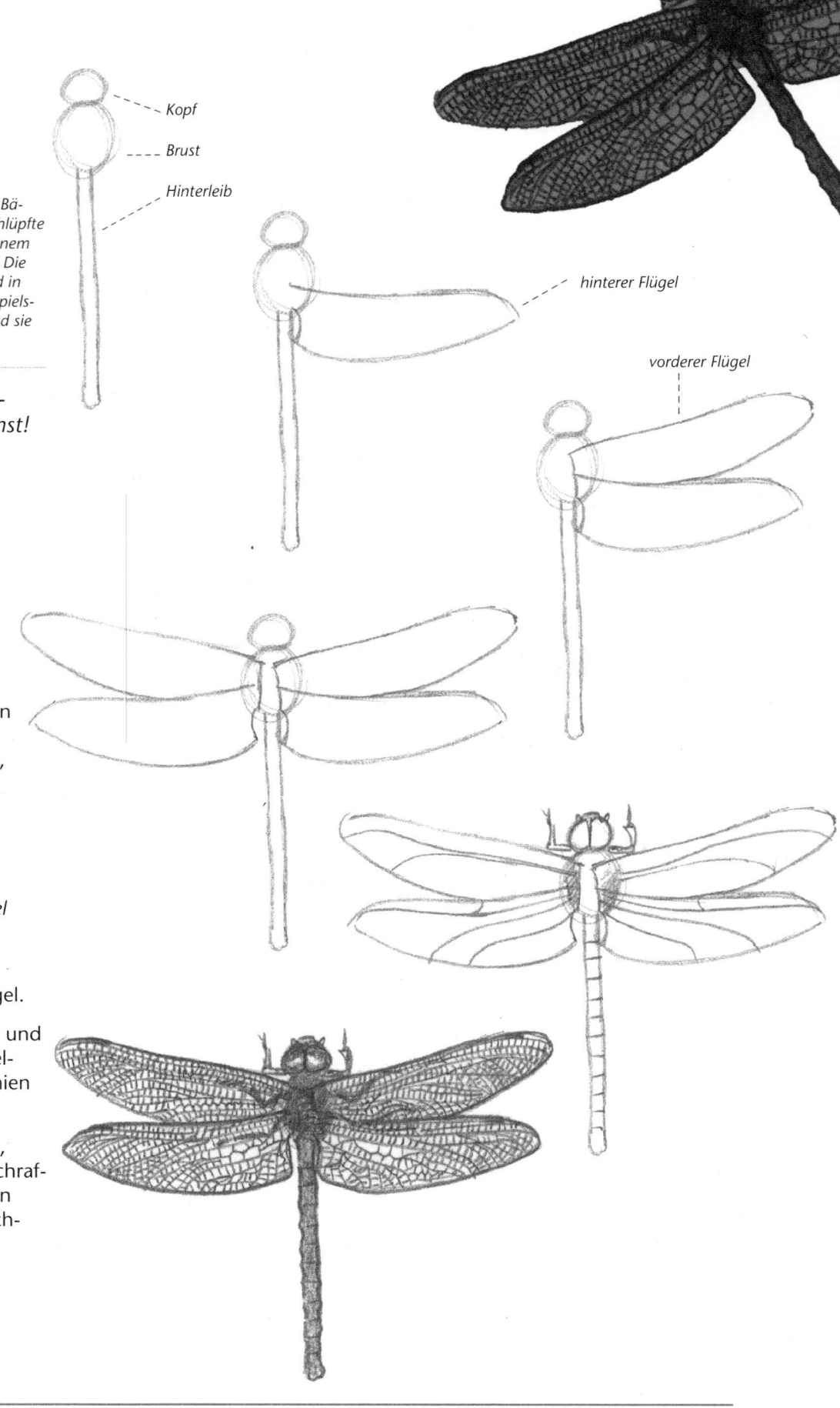

Insekten

Ohrwurm

Ordnung Dermaptera
Familie Forficulidae

Der Name „Ohrwurm" oder „Ohrenkneifer" geht auf einen alten Aberglauben zurück, wonach diese Tierchen in unsere Ohren krabbeln (tun sie nicht, glaube ich zumindest). Sie leben zwischen verrottenden Pflanzenresten und legen dort auch ihre Eier ab. Nachts gehen sie auf die Suche nach tierischer oder pflanzlicher Nahrung. Mit ihren Zangen – sie dienen der Abwehr – können sie schmerzhaft zwicken. Wenn man sie in die Hand nimmt, verströmen sie eine übel riechende Flüssigkeit.

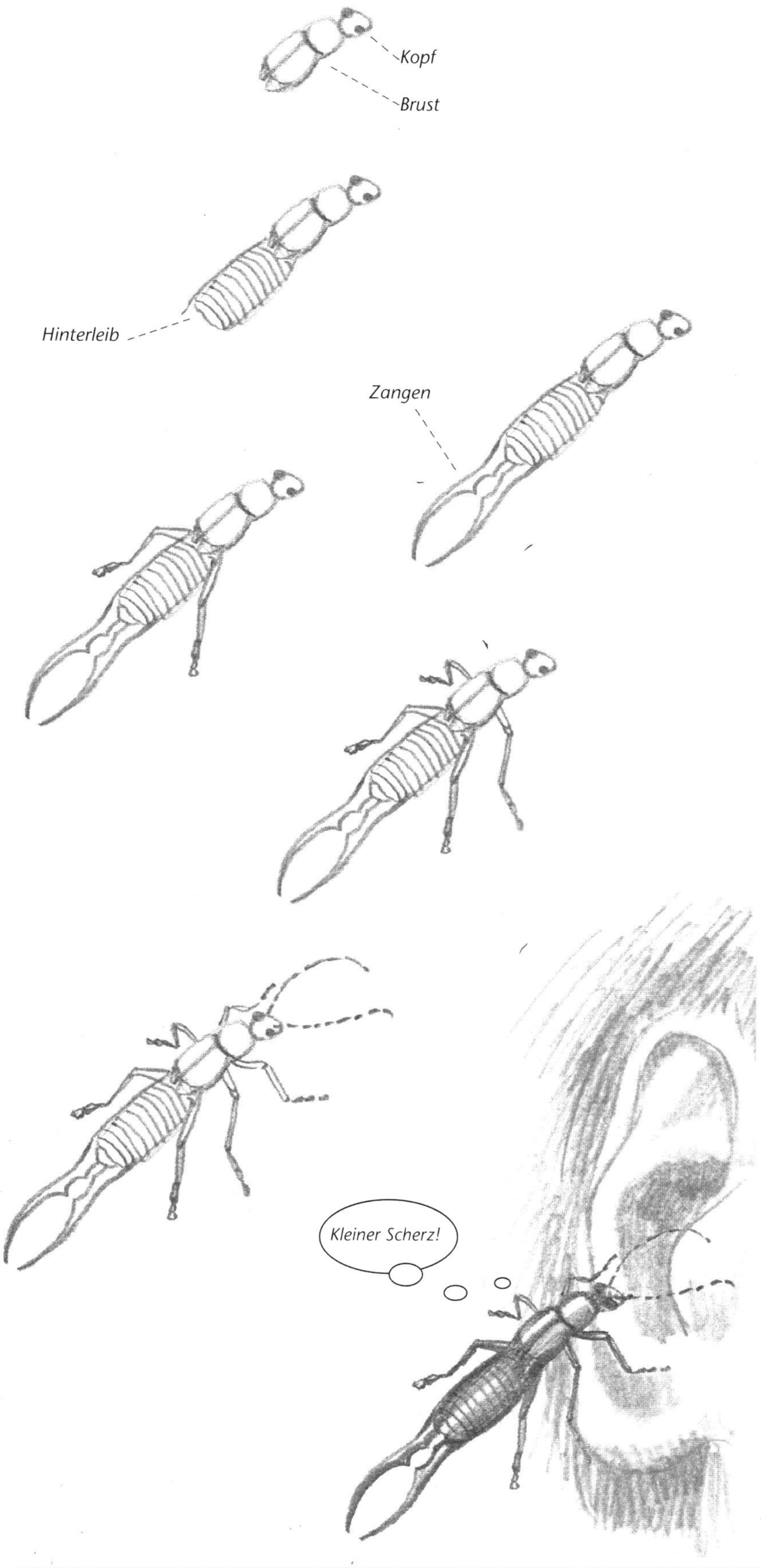

Sieh dir die fertige Zeichnung an, *bevor du beginnst!*

Siehst du
- *drei Körperteile?*
- *sechs Beine?*
- *zwei Fühler?*
- *Flügel (wie viele)?*
- *Augen?*

Wie sieht das Insekt aus?
- *Glatt? Gemustert?*
- *Hart? Weich?*

1. Zeichne die Brust, den *Kopf* und die *Augen*.

2. Füge den langen *Hinterleib* samt Querstreifen hinzu ...

3. ... und die bedrohlich wirkenden *Zangen*.

4. Zeichne zunächst die hinteren Beine ...

5. ... die mittleren Beine ...

6. ... und schließlich die vorderen Beine sowie die gegliederten Fühler.

7. Lass beim Schraffieren einige Streifen heller, damit der Körper rund erscheint.

Insekten 21

Leuchtkäfer

Ordnung Coleoptera
Familie Lampyridae

Im Frühling und Frühsommer nutzen diese Käfer ihre leuchtenden Hinterleibssegmente als Paarungssignal. Obwohl auch andere Insekten leuchten können, sind manche Leuchtkäfer fähig, Blinkzeichen zu erzeugen, mit einem für die jeweilige Art kennzeichnenden Rhythmus. Als Glühwürmchen bezeichnet man die oft flugunfähigen weiblichen Leuchtkäfer.

Sieh dir die fertige Zeichnung an, *bevor du beginnst!*

Siehst du
- *drei Körperteile?*
- *sechs Beine?*
- *zwei Fühler?*
- *Flügel (wie viele)?*
- *Augen?*

Wie sieht das Insekt aus?
- *Glatt? Gemustert?*
- *Hart? Weich?*

1. Zeichne *Halsschild* und *Deckflügel*.

2. Füge den dreieckigen, fast vollständig vom *Halsschild* verdeckten Kopf und das vordere Bein hinzu.

3. Zeichne das mittlere Bein ...

4. ... und das hintere Bein.

5. Füge den Körper hinzu und schraffiere die Zeichnung; lass das Leuchtorgan am Ende des Hinterleibs frei. Male das Auge bis auf ein Glanzlicht aus.

6. Füge die Fühler und die dir abgewandten drei Beine hinzu.

7. Schraffiere die Zeichnung, doch lass den Rand der glänzenden Schutzhülle hell. Füge einen Zweig hinzu, auf dem der Käfer krabbelt.

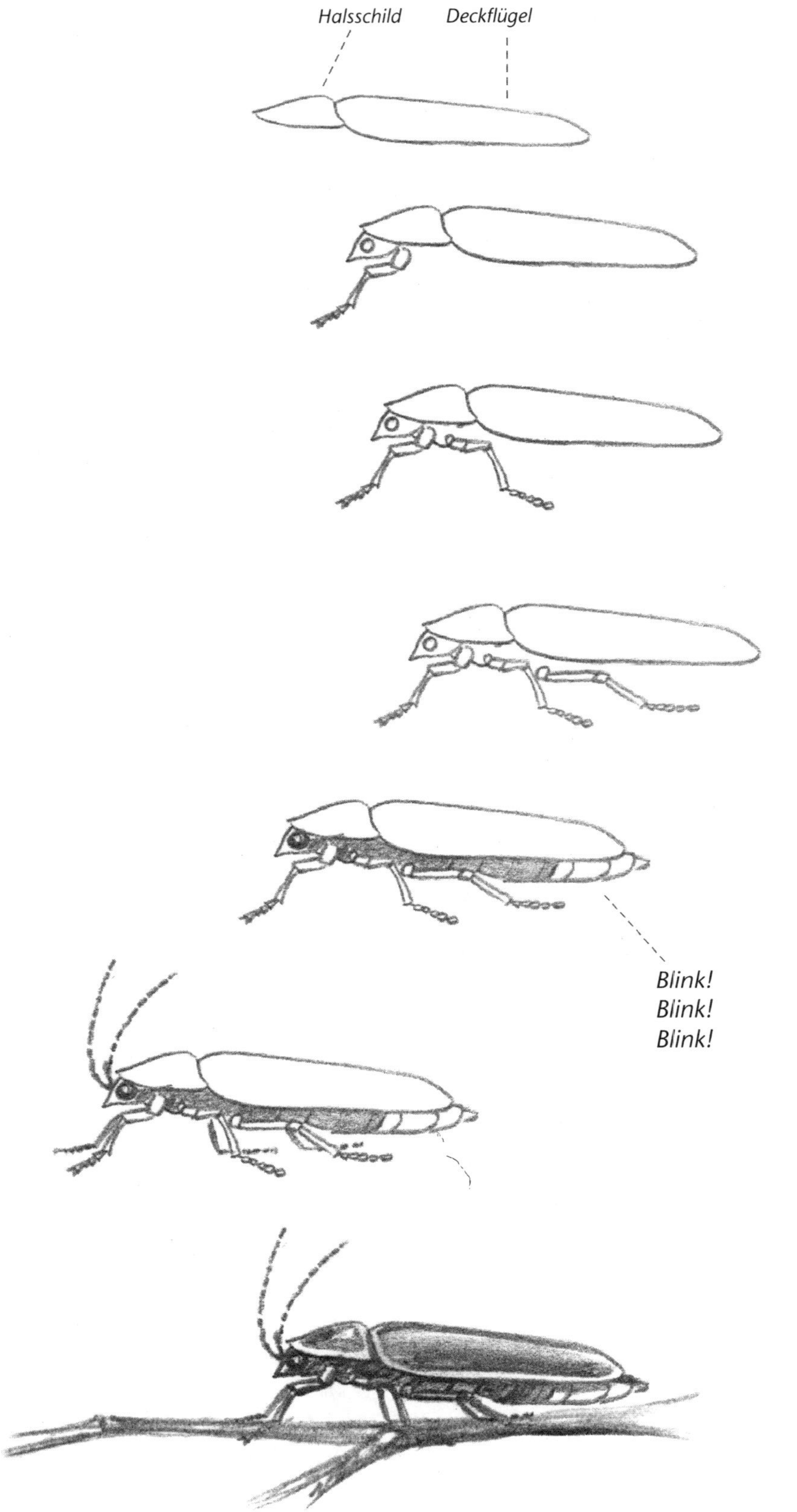

Halsschild   Deckflügel

Blink!
Blink!
Blink!

22   Insekten

Floh

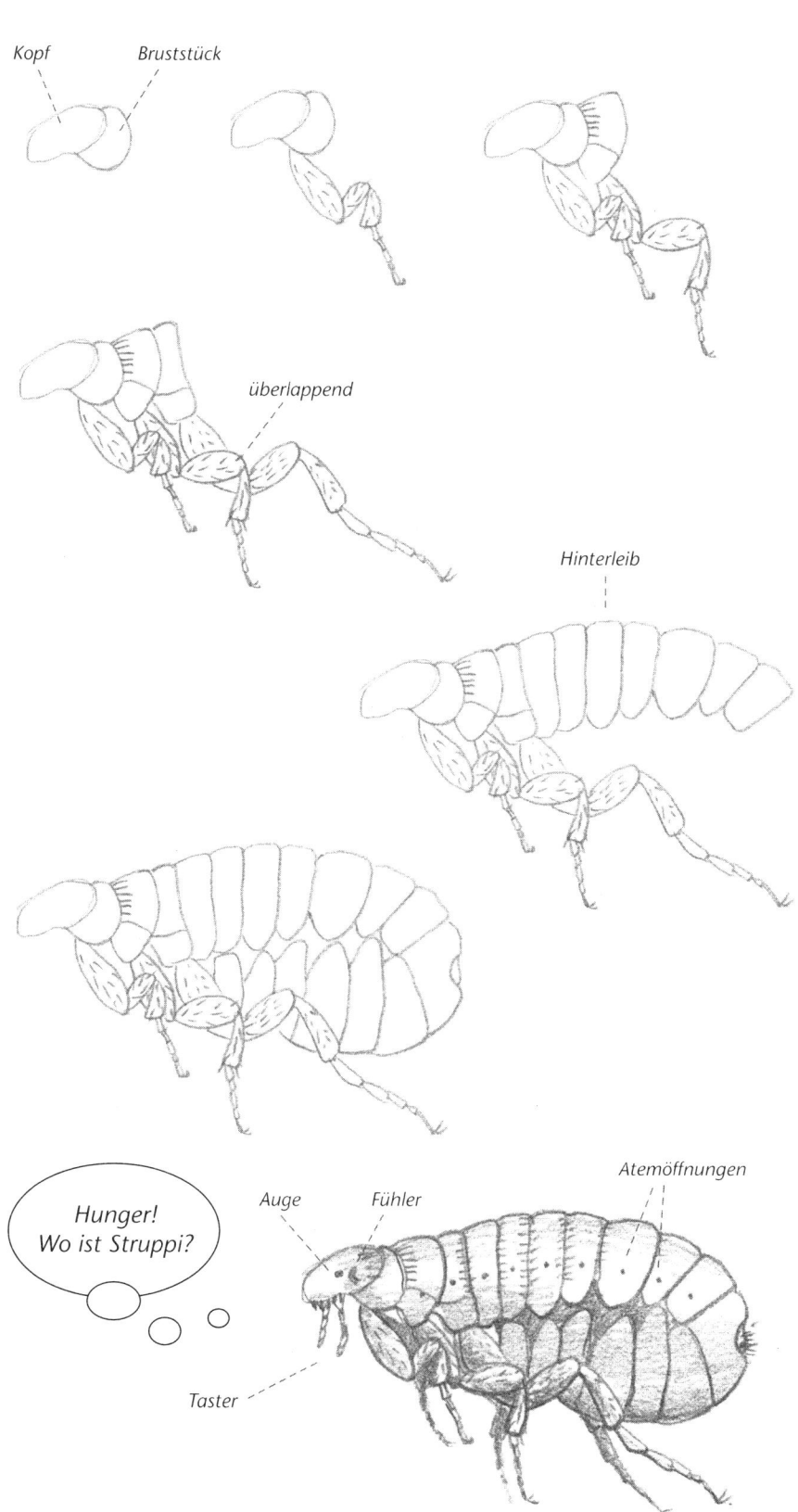

Ordnung Siphonaptera
Familie Pulicidae

Flöhe sind lästige Parasiten, die vom Blut ihres Wirts leben. Auf ihm (oder in seinem Nest) legen sie auch ihre Eier ab. Flöhe sind bei Haustieren Zwischenwirte für die Übertragung von Bandwürmern. Außerdem können sie zur Ausbreitung von Krankheiten beitragen, wie z. B. der Beulenpest.

Sieh dir die fertige Zeichnung an, *bevor du beginnst!*

Siehst du
- *drei Körperteile?*
- *sechs Beine?*
- *zwei Fühler?*
- *Flügel?*
- *Augen?*

1. Zeichne den Kopf und das erste *Bruststück*.

2. Zeichne unterhalb des Bruststücks das vordere Bein an. Beachte die Anzahl der Beinabschnitte und ihre jeweilige Ausrichtung.

3. Zeichne das zweite Bruststück und das *hinter* dem ersten Bein verlaufende mittlere Bein.

4. Zeichne das dritte Bruststück und das kräftige, *hinter* dem mittleren Bein verlaufende letzte Bein.

5. Füge den oberen Teil des Hinterleibs hinzu ...

6. ... und den unteren Teil.

7. Zeichne *Auge, Fühler, Taster* und die drei dir abgewandten Beine. Schraffiere den Körper. Vergiss die *Atemöffnungen* nicht!

Insekten

Riesenkäfer

Ordnung Coleoptera
Familie Scarabaeidae

Wenn du wissen willst, woher dieser Käfer seinen Namen hat, solltest du deine Hand zum Vergleich neben die Abbildung halten. Siehst du, wie groß er ist? Doch trotz seiner Furcht erregenden Hörner würde er dich nicht verletzen; wahrscheinlich würde er sich recht kühl anfühlen, wenn er über deine Hand und deinen Arm krabbelt ...

Sieh dir die fertige Zeichnung an, *bevor du beginnst!*

Siehst du
- *drei Körperteile?*
- *sechs Beine?*
- *zwei Fühler?*
- *Flügel (wie viele)?*
- *Augen?*

Wie sieht das Insekt aus?
- *Glatt? Gemustert?*
- *Hart? Weich?*

1. Zeichne die beiden *Deckflügel* und die *Brust*.

2. Füge den *Kopf* und die mächtigen *Hörner* hinzu.

3. Zeichne die vorderen Beine.

4. Füge die mittleren und die hinteren Beine hinzu.

5. Füge die keulenartigen Fühler beidseits des mittleren Horns hinzu. Schraffiere den Käfer, doch lass einige Flächen hell, damit der Körper glänzend wirkt. Ziehe die Linien mit spitzem Bleistift nach. Verwende einen stumpfen Bleistift, um weitere Schraffuren und einen *Schlagschatten* hinzuzufügen.

Einfach imposant!

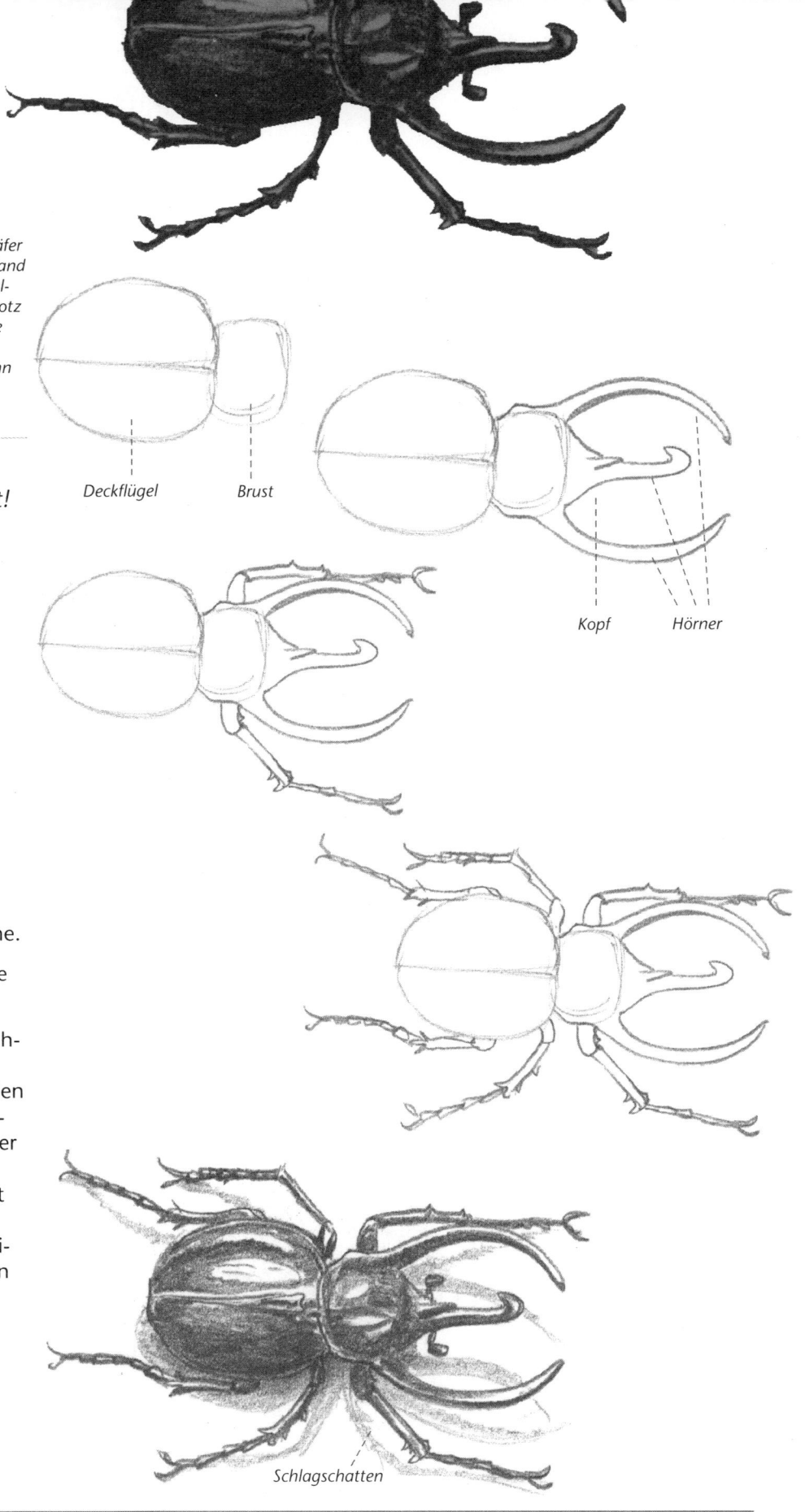

24 Insekten

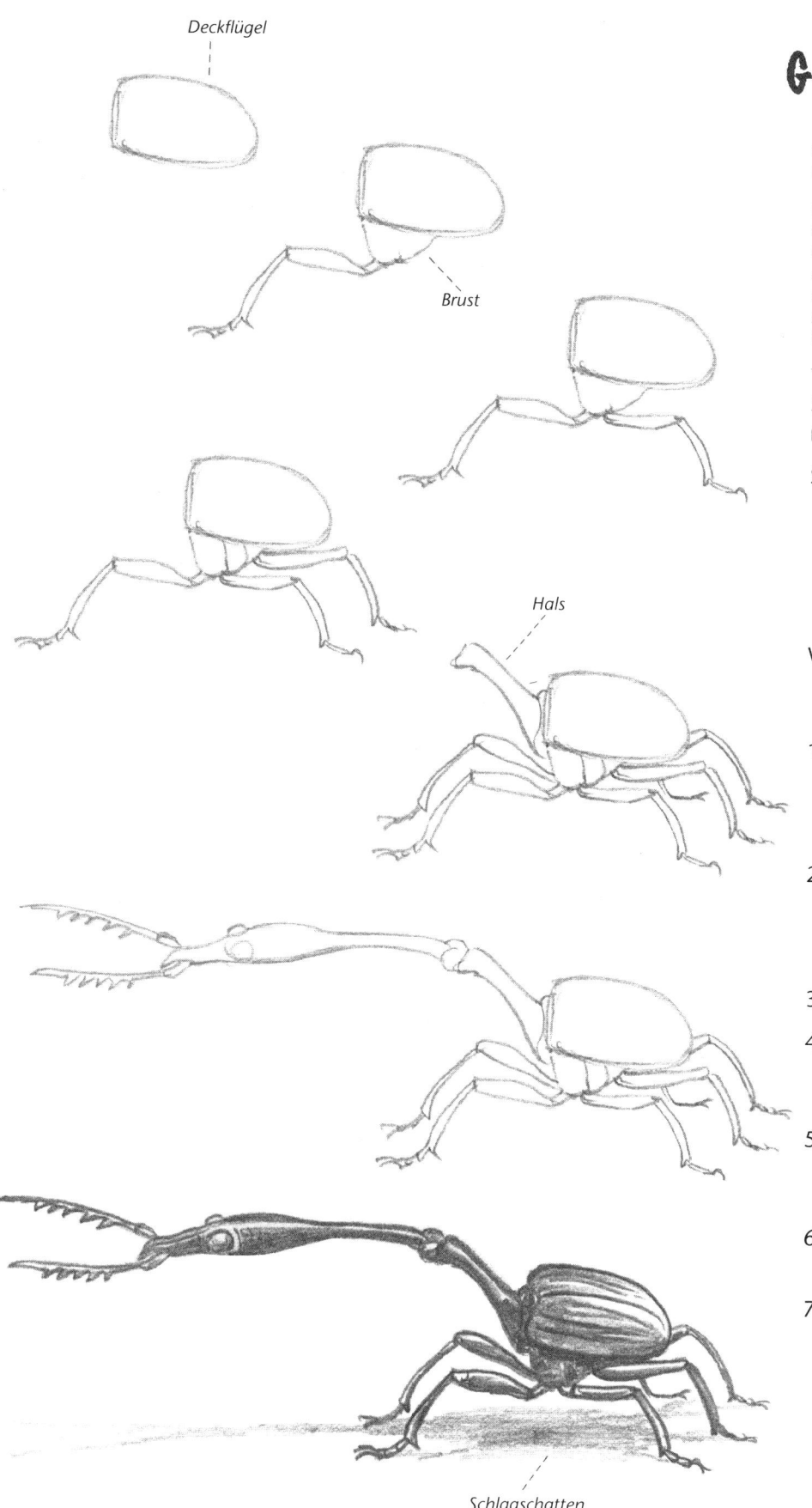

Giraffenrüssler

Ordnung Coleoptera
Familie Curculionidae (Rüsselkäfer)

Dieses Insekt gehört zur Familie der Rüsselkäfer, die häufig Löcher in Früchte, Nüsse und andere Pflanzenteile bohren. Eine der mindestens 46 000 Arten – sie war aus Mexiko eingeschleppt worden – zerstörte auf diese Weise einmal die gesamte Baumwollernte in den südlichen USA.

Sieh dir die fertige Zeichnung an, *bevor du beginnst!*

Siehst du
- drei Körperteile?
- sechs Beine?
- zwei Fühler?
- Flügel?
- Augen?

Wie sieht das Insekt aus?
- Glatt? Gemustert?
- Hart? Weich?

1. Zeichne das mit einer geraden Linie abschließende Oval für die *Deckflügel* (Elytren).

2. Zeichne den sichtbaren dreieckigen Teil der *Brust*. Sieh genau hin und füge das vordere Bein ...

3. ... das hintere Bein ...

4. ... und das mittlere Bein hinzu. Unterteile die Brust mit zwei Linien.

5. Skizziere die sichtbaren Teile der übrigen Beine und den ersten *Halsabschnitt*.

6. Zeichne den restlichen Hals und den Kopf.

7. Füge Schraffuren und Strukturen hinzu. Zeichne zuletzt einen *Schlagschatten*.

Warum hat dieser Käfer einen so langen Hals? Gute Frage!

Insekten

Pferdebremse

Ordnung Diptera
Familie Tabanidae

Wie bei den Mücken und Blindbremsen ernähren sich auch hier nur die Weibchen von Blut, die Männchen dagegen von Pollen und Nektar. Im Gegensatz zu Stubenfliegen können sich Pferdebremsen leise an ihr Opfer heranpirschen. Ihr Stich ist schmerzhaft und die entsprechende Stelle blutet länger, da der Speichel der Bremse eine die Blutgerinnung hemmende Substanz enthält. Ein Pferd oder auch eine Kuh kann dadurch gefährlich viel Blut verlieren.

Sieh dir die fertige Zeichnung an, *bevor du beginnst!*

Siehst du
- *drei Körperteile?*
- *sechs Beine?*
- *zwei Fühler?*
- *Flügel (wie viele)?*
- *Augen?*

Wie sieht das Insekt aus?
- *Glatt? Gemustert?*
- *Hart? Weich?*

1. Zeichne zur besseren Orientierung eine diagonal verlaufende *Hilfslinie*. Füge *Hinterleib, Brust* und die *markanten großen Augen* hinzu.

2. Zeichne die Flügel.

3. Füge die sechs Beine und die beiden Fühler hinzu.

4. Unterteile den Hinterleib mit einigen Linien und zeichne die Flügeladern ein. Füge Strukturen und Schraffuren hinzu, sodass die Flügel halb *durchsichtig* wirken. Mit anderen Worten: Die Beine sollen erkennbar sein, aber nur undeutlich.

Schlupfwespe

Ordnung Hymenoptera
Familie Ichneumonidae

Die aus mehr als 30 000 Arten bestehende Familie der Schlupfwespen (Ichneumonidae) zeichnet sich durch eine parasitäre Lebensweise aus: Diese Schlupfwespe legt ihr Ei auf dem Rücken einer lebenden Raupe ab. Später gräbt sich die Larve in ihren Wirt hinein und tötet ihn – in der Regel dann, wenn die Raupe einen Kokon gesponnen hat. Die Schlupfwespenlarve bekommt dadurch ein behagliches Zuhause, in dem sie sich verpuppen und von ihrem Wirt ernähren kann.

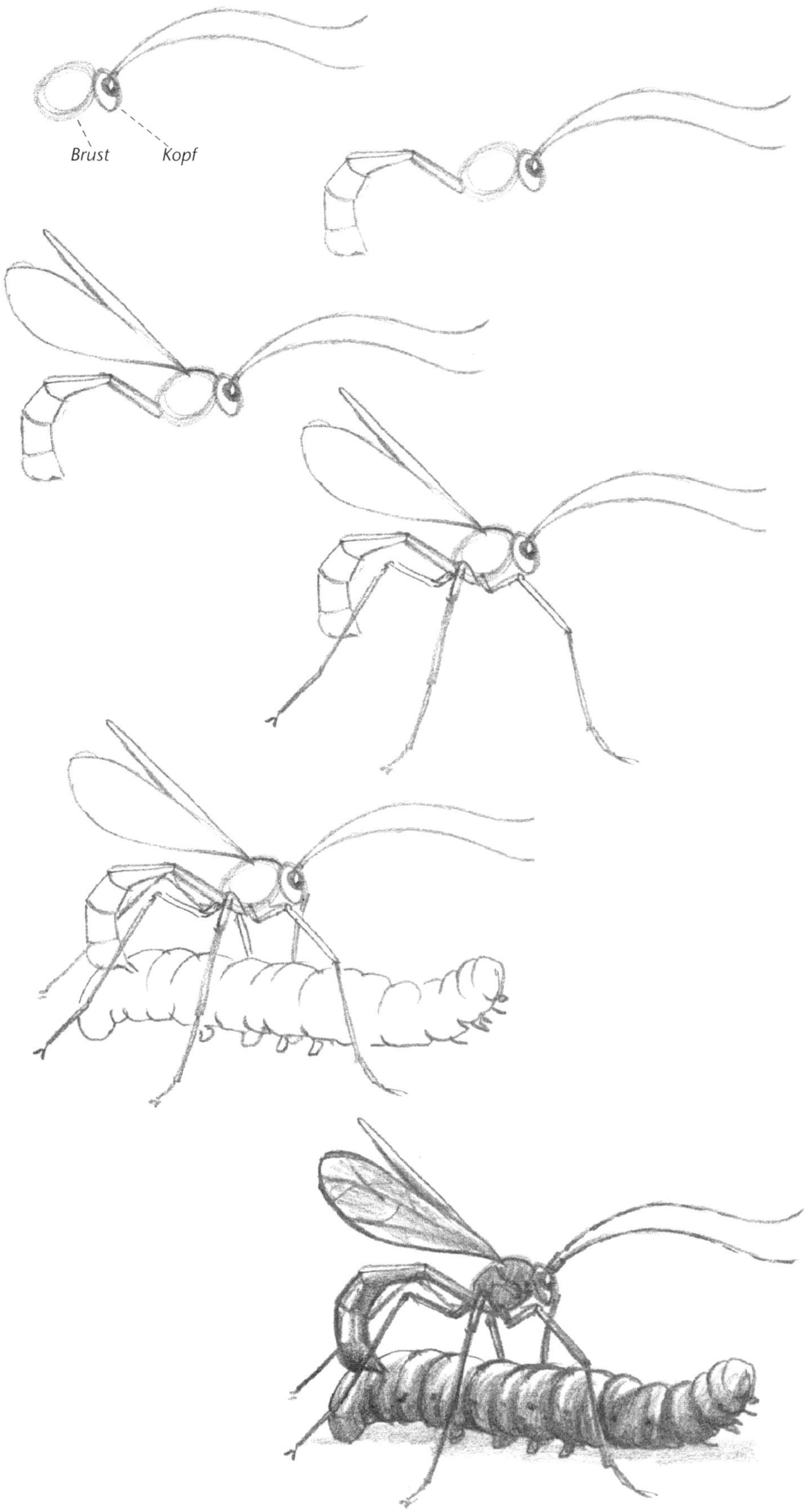

Sieh dir die fertige Zeichnung an, *bevor du beginnst!*

Siehst du
- drei Körperteile?
- sechs Beine?
- zwei Fühler?
- Flügel (wie viele)?
- Augen?

1. Zeichne zwei Ovale, eines für die *Brust* und eines für den *Kopf.* Füge das glänzende Auge und die langen, elegant geschwungenen Fühler hinzu.

2. Zeichne Segment für Segment den gebogenen Hinterleib.

3. Füge die Flügel hinzu – einen runden und einen flachen.

4. Zeichne die drei dir zugewandten Beine. Sieh dir genau an, wie sie verlaufen.

5. Füge die Raupe hinzu (also die Beute und das spätere Wirtstier). Zeichne die drei dir abgewandten Beine.

6. Zeichne einige Adern in den Flügel ein und schraffiere deine Zeichnung. Lass jedoch einige Flächen hell, um die Rundungen zu betonen.

Insekten 27

Japankäfer

Ordnung Coleoptera
Familie Scarabaeidae (Blatthornkäfer)

Seitdem der Japankäfer in die USA eingeschleppt wurde (um 1916), gilt er dort als ein bekannter und weit verbreiteter Schädling. Körper und Beine leuchten metallisch grün, während die Deckflügel braun oder orangerot sind. Die Larven ernähren sich von Wurzeln, die ausgewachsenen Käfer von Blättern, Früchten und mehr als 200 verschiedenen Pflanzen. In manchen Regionen konnte sein Bestand durch den Einsatz von Schlupfwespen reduziert werden.

Sieh dir die fertige Zeichnung an, *bevor du beginnst!*

Siehst du
- *drei Körperteile?*
- *sechs Beine?*
- *zwei Fühler?*
- *Flügel (wie viele)?*
- *Augen?*

Wie sieht das Insekt aus?
- *Glatt? Gemustert?*
- *Hart? Weich?*

1. Zeichne zuerst die *Deckflügel* und das *Schildchen*.

2. Füge *Halsschild, Kopf* und *Augen* hinzu.

3. Zeichne sorgfältig die vorderen Beine ...

4. ... die mittleren Beine ...

5. ... und schließlich die hinteren Beine. Zeichne ein paar Längsstreifen auf die *Deckflügel*.

6. Zum Schluss kannst du deine Zeichnung schraffieren oder mit einem dunkelgrünen Buntstift ausmalen (berücksichtige dabei die Glanzlichter); die *Deckflügel* sollten rotbraun werden.

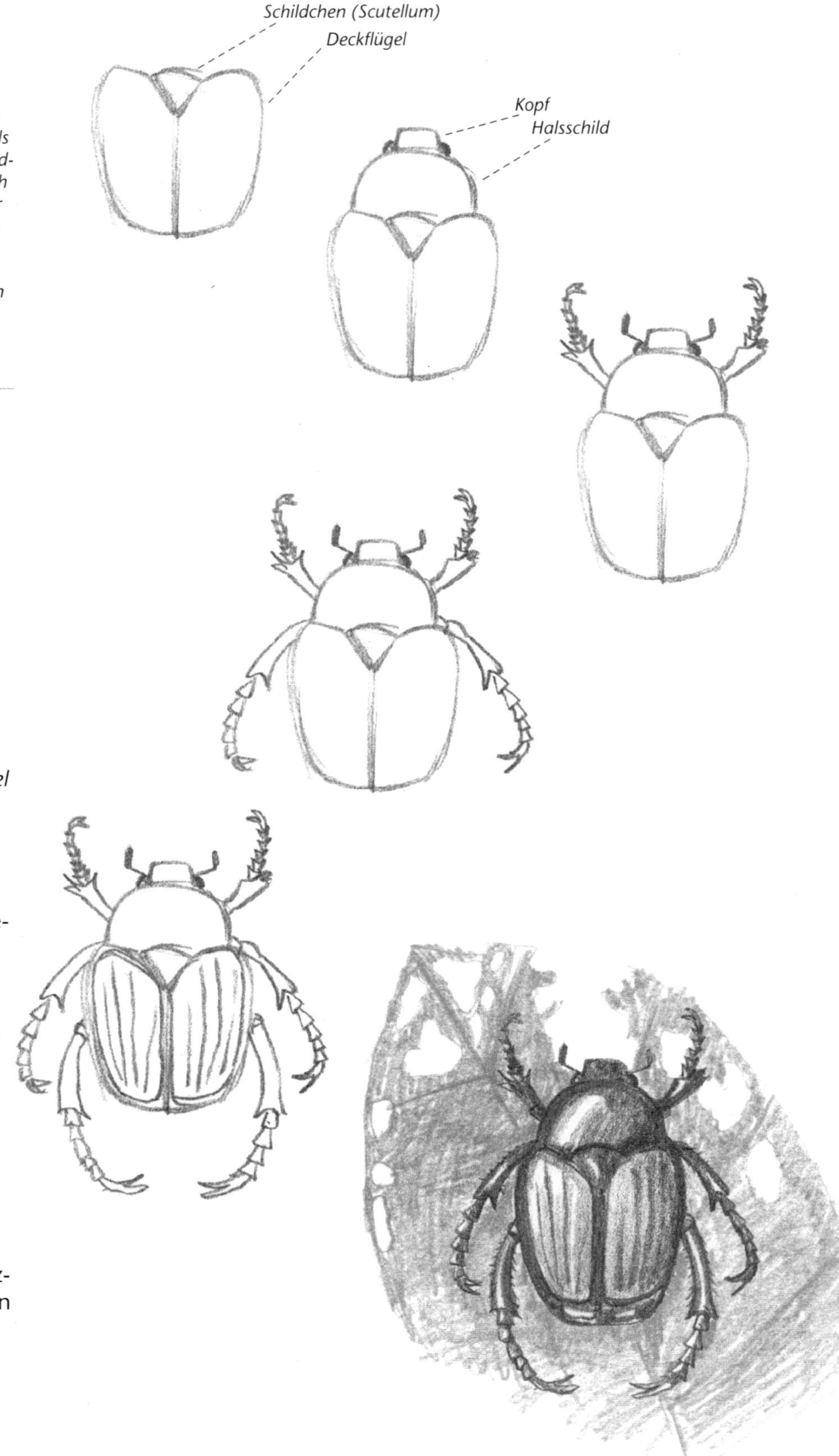

Schildchen (Scutellum)
Deckflügel
Kopf
Halsschild

28 Insekten

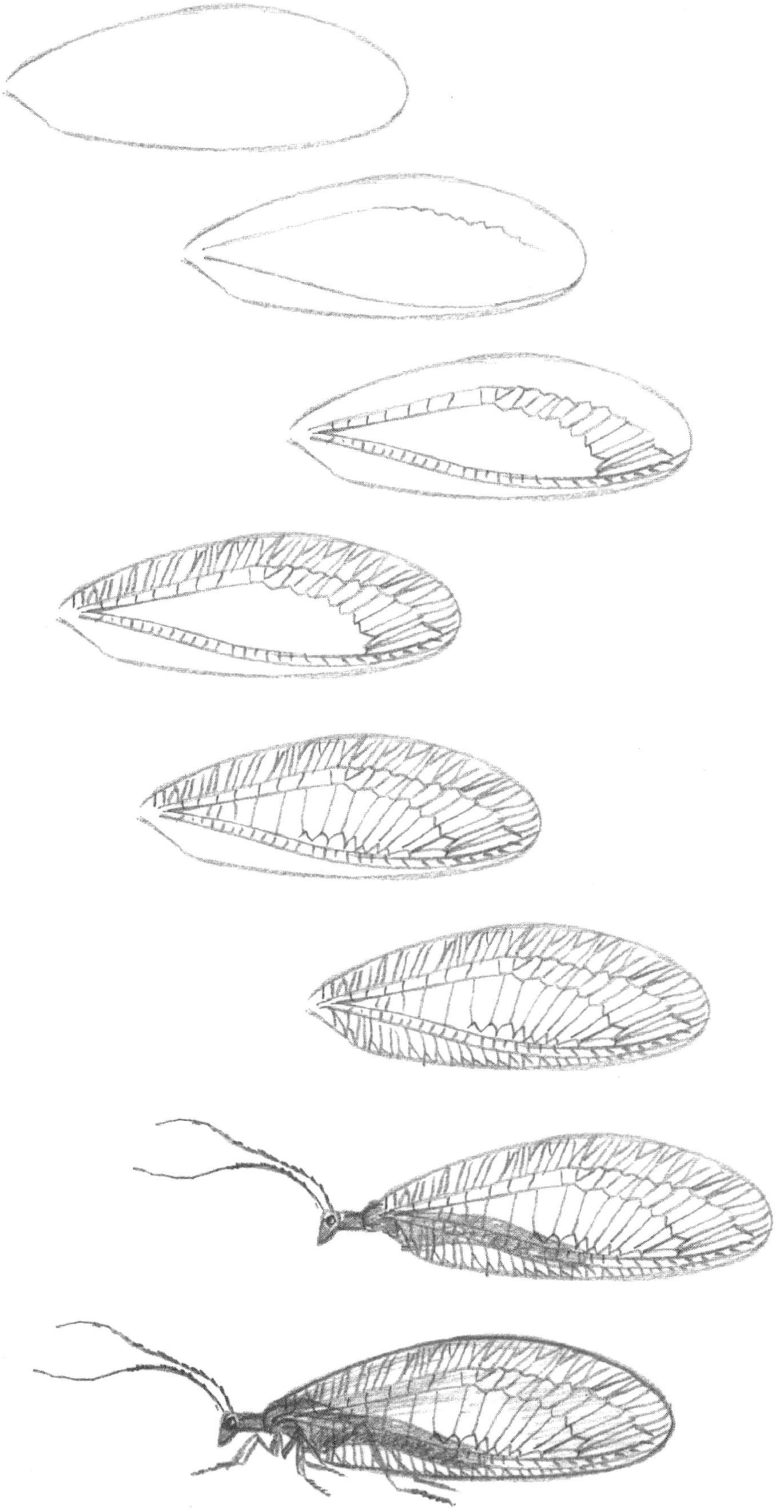

Florfliege

Ordnung Neuroptera (Netzflügler)
Familie Chrysopidae (Goldaugen)

Diese weit verbreiteten Insekten sind zwar keine besonderen Flugkünstler, dafür aber gute Blattlausvertilger. In Gärten sind sie deshalb sehr willkommen. Das Weibchen legt die Eier meist auf Blättern ab. Die Verpuppung erfolgt in einem Seidenkokon.

Sieh dir die fertige Zeichnung an, *bevor du beginnst!*

Siehst du
- *drei Körperteile?*
- *sechs Beine?*
- *zwei Fühler?*
- *Flügel (wie viele)?*
- *Augen?*

Wie sieht das Insekt aus?
- *Glatt? Gemustert?*
- *Hart? Weich?*

1. Zeichne den Umriss des ersten Flügels sorgfältig nach.

2. Füge die beiden Hauptadern hinzu ...

3. ... und beginne am Rand mit einem Zellmuster.

4. Füge nun oben am Flügel eine Reihe aus Adern und Zellen hinzu ...

5. ... und zeichne weitere Zellen in die mittlere Fläche.

6. Zeichne am unteren Rand eine weitere Zellreihe ein.

7. Füge Körper und Kopf mit langen Fühlern hinzu.

8. Zeichne die Beine. Schraffiere die Flügel zum Schluss stellenweise mit leichtem Strich.

Feine Florfliege!

Insekten

Marienkäfer

Ordnung Coleoptera
Familie Coccinellidae

Im Gegensatz zum Maikäfer ist der Marienkäfer im Garten willkommen, da er Blattläuse verspeist. Außerdem vertilgt er die für die Pflanzen schädlichen Milben und Schildläuse.

Sieh dir die fertige Zeichnung an, *bevor du beginnst!*

Siehst du
- *drei Körperteile?*
- *sechs Beine?*
- *Fühler?*
- *Flügel?*

Wie sieht das Insekt aus?
- *Glatt? Gemustert?*
- *Hart? Weich?*

1. Zeichne den *Deckflügel*, dann die Form, die wie ein Kopf aussieht (in Wirklichkeit handelt es sich um den *Halsschild*, der den Kopf bedeckt).

2. Füge das vordere, mittlere und hintere Bein hinzu.

3. Deute den Rand eines Pflanzenstängels durch eine Linie an und zeichne die drei übrigen Beine.

4. Verziere den *Deckflügel* mit ein paar dunklen Punkten. Zeichne einen der beiden *Fühler* (der andere ist verdeckt) und die *Mundwerkzeuge*. Schraffiere die Zeichnung und füge einen *Schlagschatten* hinzu.

5. Gib dem Marienkäfer zum Schluss eine saftige Blattlaus zum Aussaugen!

Mahlzeit!

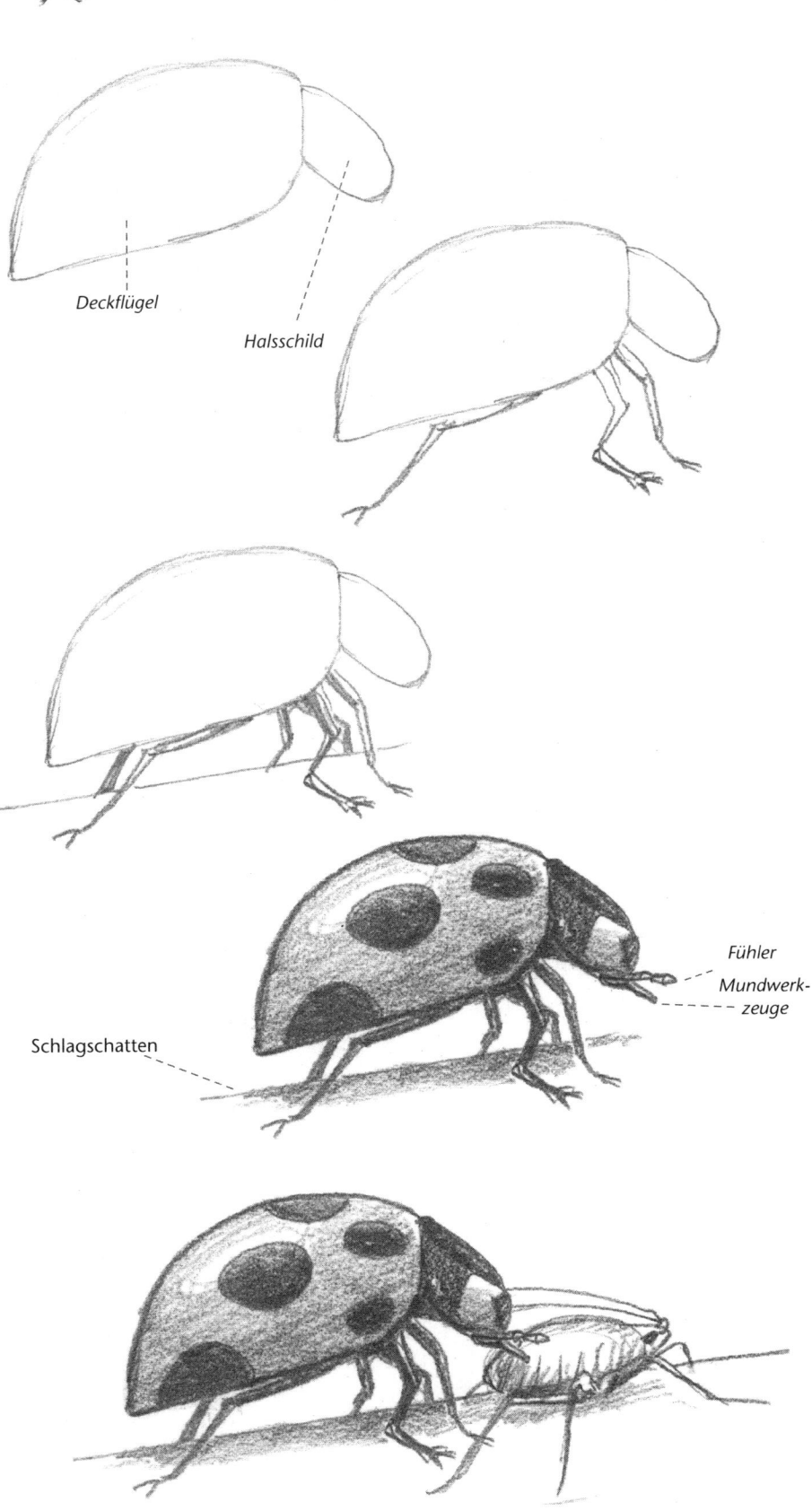

30 Insekten

Wandelndes Blatt

Ordnung Phasmatodea
Familie Phylliidae

Einige Insekten können Pflanzen so gut nachahmen, dass sie sich auch dann nicht bewegen, wenn man sie aufhebt! Bei Bedarf können sie sogar einzelne Beine abwerfen, die dann wieder nachwachsen. Die Fähigkeit, Pflanzenteile nachzuahmen, nennt man Phytomimese (schwieriges Wort, was?).

Sieh dir die fertige Zeichnung an, *bevor du beginnst!*

Siehst du
- *drei Körperteile?*
- *sechs Beine?*
- *zwei Fühler?*
- *Flügel (wie viele)?*
- *Augen?*

Wie sieht das Insekt aus?
- *Glatt? Gemustert?*
- *Hart? Weich?*

1. Beginne mit einer Mittellinie und zeichne die birnenförmigen Flügel.

2. Füge *Brust* und *Kopf* hinzu.

3. Zeichne vom ersten Bruststück ausgehend zwei dünne Beine ein und füge die Blattformen hinzu.

4. Zeichne die am zweiten Bruststück ansetzenden mittleren Beine und die unter den Flügeln herausragenden hinteren Beine. Füge den Umriss des *Hinterleibs* hinzu.

5. Füge Linien und Schraffuren hinzu, damit das Insekt wie ein Blatt aussieht! Lass dich von der Abbildung anregen.

Zeichne einen Hintergrund aus Blättern, der das Insekt so gut tarnt, dass ein fremder Betrachter es zunächst nicht erkennt.

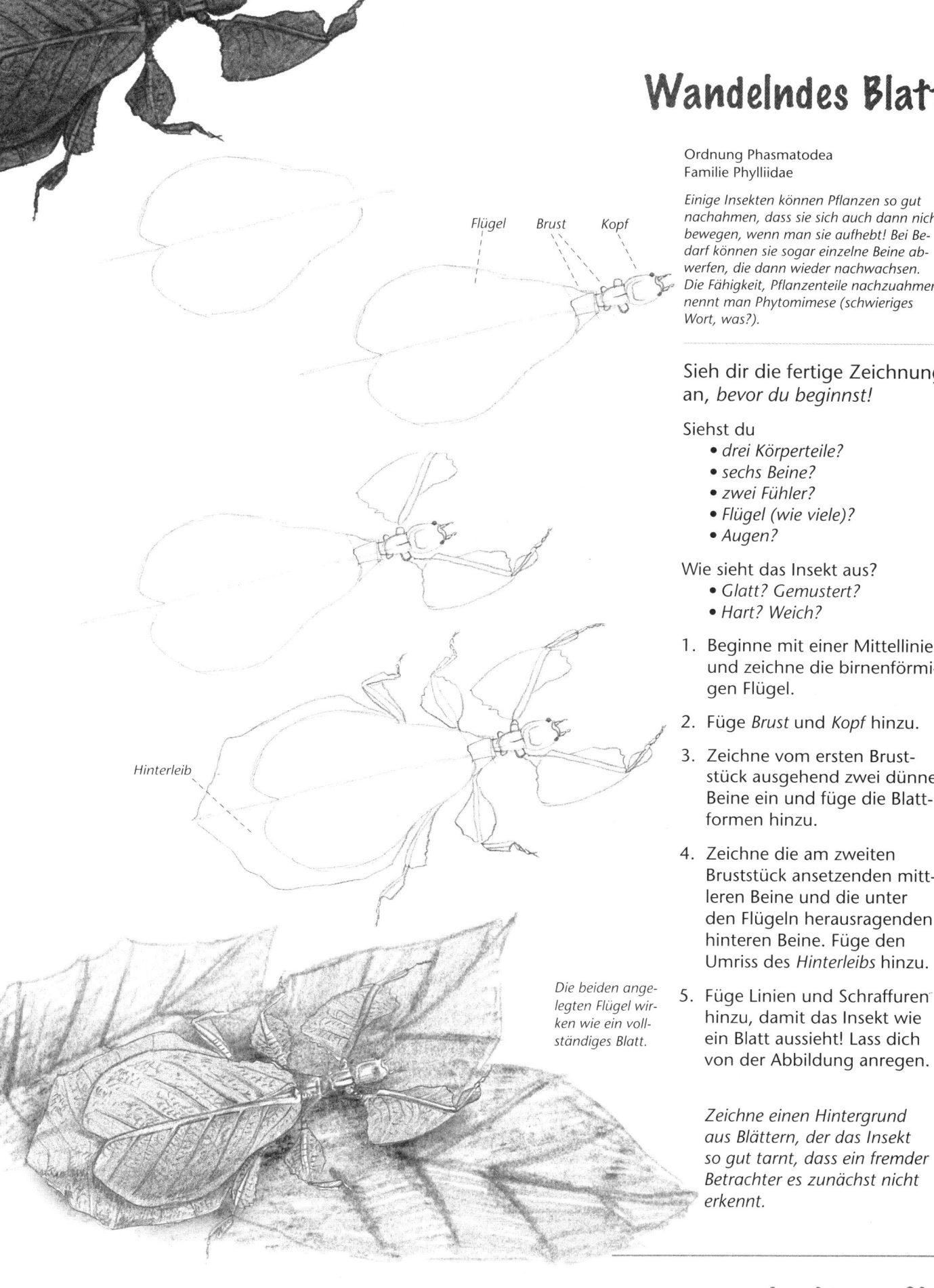

Die beiden angelegten Flügel wirken wie ein vollständiges Blatt.

Insekten

Wanderheuschrecke

Ordnung Orthoptera
Unterordnung Caelifera

Die Unterordnung der Kurzfühlerschrecken (Caelifera) besteht aus rund 5000 Arten, doch nur neun Arten unternehmen Massenwanderungen, bei denen sie sämtliche auf ihrem Weg liegenden Pflanzen vernichten. Schon das Alte Testament berichtet von einer Heuschreckenplage in Ägypten; in jüngerer Zeit verursachten wandernde Heuschrecken Zugverspätungen, da die Züge auf den durch zerquetschte Heuschrecken glitschig gewordenen Schienen nicht mehr vorankamen. In den USA gab es in den 1870er Jahren einen Schwarm aus schätzungsweise 124 Milliarden Heuschrecken.

Sieh dir die fertige Zeichnung an, *bevor du beginnst!*

Siehst du
- *drei Körperteile?*
- *Flügel (wie viele)?*
- *sechs Beine?*

1. Beginne mit zwei kleinen Kreisen und einem länglichen Rechteck für *Kopf, Brust* und *Hinterleib*.

2. Zeichne die beiden seitlich abstehenden Vorderbeine. Arbeite den Kopf weiter aus und füge die Fühler hinzu.

3. Füge das kurze, mittlere, schräg nach hinten gerichtete Beinpaar hinzu und dann die viel längeren Hinterbeine. Zeichne kurze Bogenlinien für die Hinterleibssegmente ein.

4. Skizziere die Umrisse der Flügel.

5. Zeichne abschließend unzählige kleine Adern und Zellen ein. Nimm dir Zeit, denn es lohnt sich! Schraffiere den Körper und ziehe einzelne Linien nach.

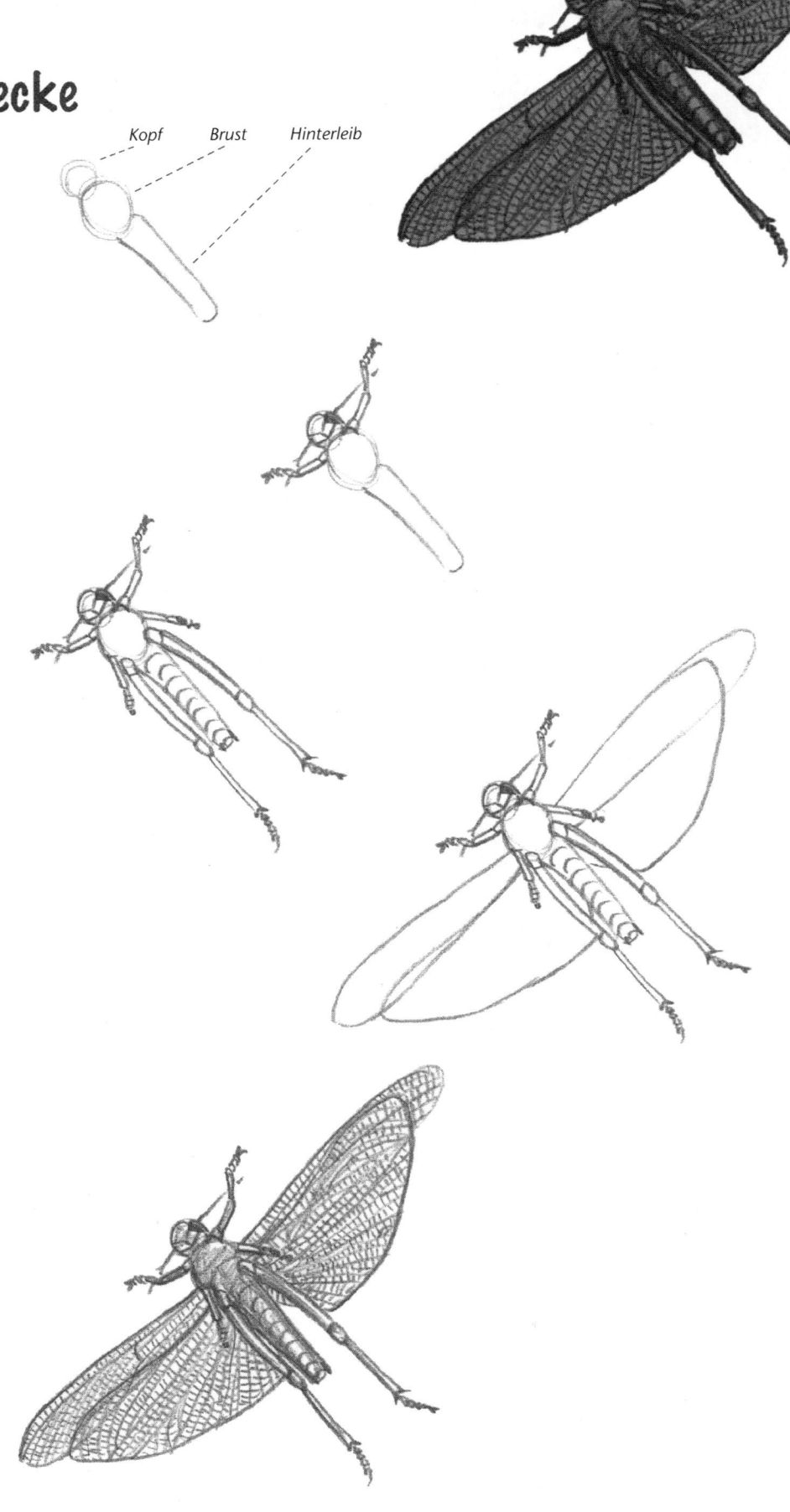

Kopf   Brust   Hinterleib

Kopflaus

Ordnung Anoplura
Familie Pediculidae

Die nur 2–3 mm lange Kopflaus ist eine Verwandte der Filz-, Kleider- und Körperlaus, die allesamt Blut saugen. Sie befällt Menschen, die sich wenig um Reinlichkeit scheren. Ihre kleinen weißen Eier (Nissen) heftet die Laus an einzelne Haare, vor allem am Hinterkopf.

Sieh dir die fertige Zeichnung an, *bevor du beginnst!*

Siehst du
- *drei Körperteile?*
- *sechs Beine?*
- *zwei Fühler?*
- *Flügel?*
- *Augen?*

Wie sieht das Insekt aus?
- *Glatt? Gemustert?*
- *Hart? Weich?*

1. Zeichne einen kleinen Kreis für den *Kopf*, ein größeres Oval für die *Brust* und ein wesentlich größeres Oval für den *Hinterleib*.

2. Unterteile den Hinterleib in einzelne Segmente und füge die kleinen Ausstülpungen am Schwanzende hinzu.

3. Markiere die Brust mit sechs Halbkreisen für die drei Beinpaare und zeichne die hinteren Beine ...

4. ... die mittleren Beine ...

5. ... und schließlich die vorderen Beine. Zeichne am Kopf weitere Details hinzu.

6. Schraffiere die Zeichnung und füge kleine Borstenhaare und ein paar Menschenhaare (zum Festklammern) hinzu.

Juckt dir etwa der Kopf?

Insekten

Mondspinner

Ordnung Lepidoptera
Familie Saturniidae
(Nachtpfauenaugen)

Diesen hübschen blassgrünen Schmetterling findet man nur in Nordamerika. Er ist vom Aussterben bedroht, und bereits viele Exemplare sind Pestiziden und Umweltgiften zum Opfer gefallen.

Sieh dir die fertige Zeichnung an, *bevor du beginnst!*

Siehst du
- *drei Körperteile?*
- *sechs Beine?*
- *zwei Fühler?*
- *Flügel (wie viele)?*
- *Augen?*

Wie sieht das Insekt aus?
- *Glatt? Gemustert?*
- *Hart? Weich?*

1. Zeichne ein kokonförmiges Oval für den Körper und füge zwei gefiederte Fühler hinzu.

2. Skizziere den ersten vorderen Flügel mit leichtem Strich.

3. Füge den zweiten vorderen Flügel hinzu.

4. Zeichne die hinteren Flügel mit ihren langen Schwänzen. Nimm dir Zeit und drehe das Papier, um die Kurven besser einzeichnen zu können.

5. Füge Adern, Punkte, Schraffuren und Strukturen hinzu. Falls du Buntstifte zur Hand hast, solltest du ein blasses Grün wählen. Die breite *Kostalader* ist kastanienbraun.

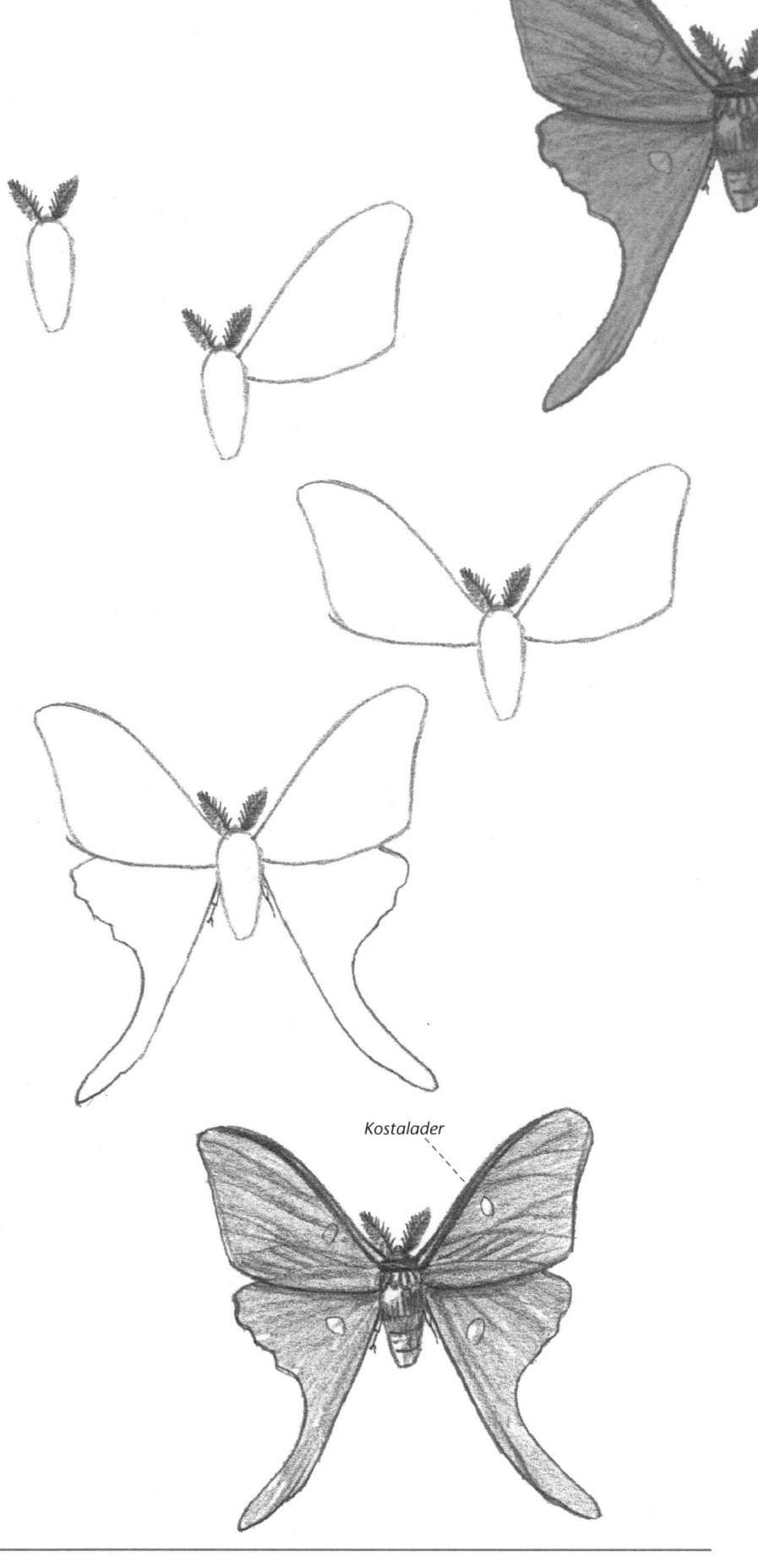

Kostalader

34 Insekten

Stechmücke

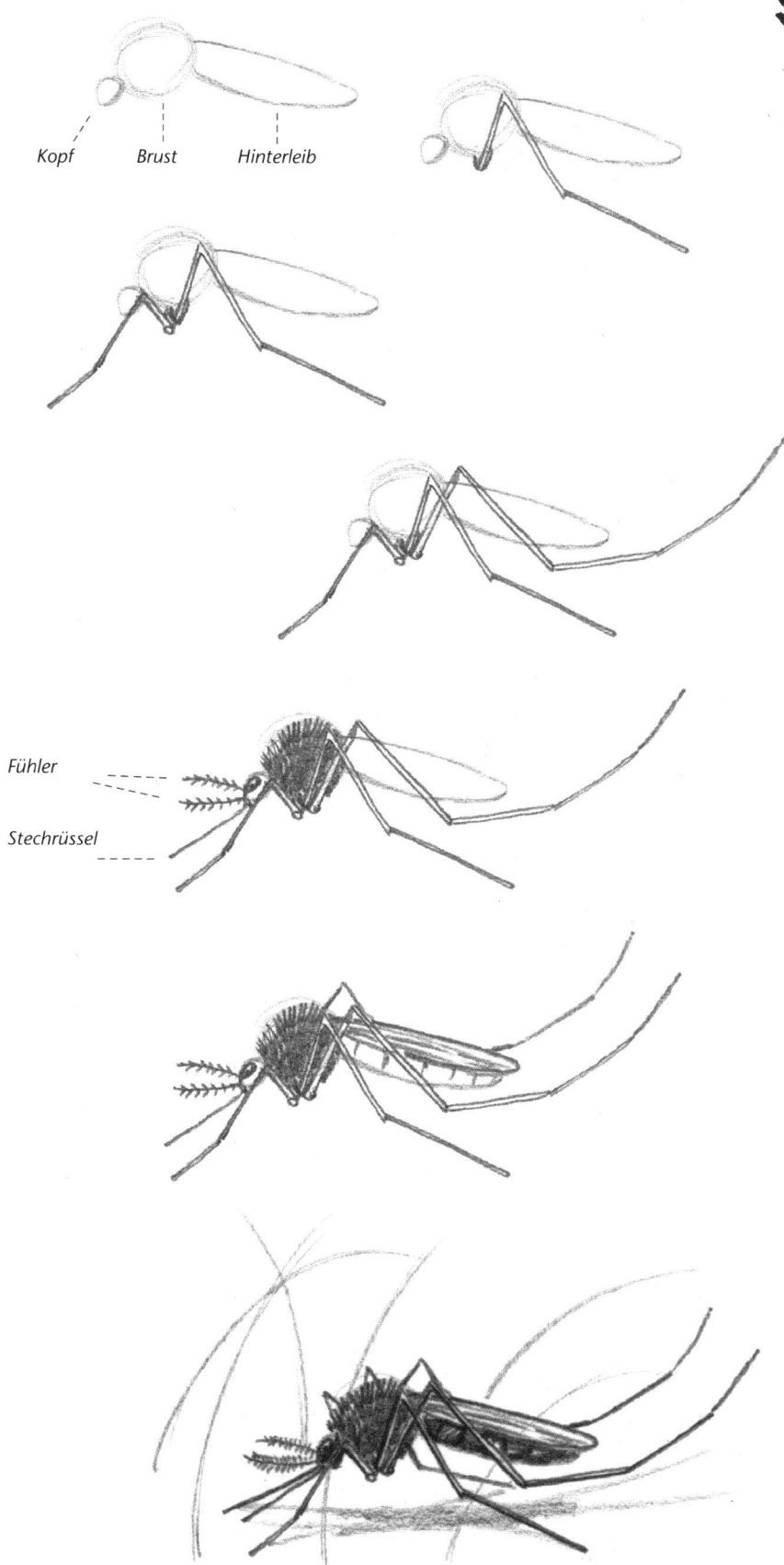

Ordnung Diptera
Familie Culicidae

Hier ist eine weibliche Stechmücke abgebildet. Man erkennt dies daran, dass die Fühler nur spärlich behaart sind (beim Männchen sind sie stärker gefiedert) und dass die beiden schnabelartigen Taster des Männchens fehlen. Nur die Weibchen stechen. Moskitos sind meist tropische Arten der Stechmücken, die Krankheiten wie Malaria übertragen können.

Sieh dir die fertige Zeichnung an, *bevor du beginnst!*

Siehst du
- *drei Körperteile?*
- *sechs Beine?*
- *zwei Fühler?*
- *Flügel (wie viele)?*
- *Augen?*

1. Zunächst solltest du einen hohen Summton anstimmen, um dich in die richtige Stimmung zu versetzen ... Zeichne dann den *Kopf,* die *Brust* und den *Hinterleib.*

2. Füge das mittlere Bein hinzu ...

3. ... dann das vordere Bein ...

4. ... und zuletzt das aufwärts gekrümmte hintere Bein.

5. Zeichne das Auge, die *Fühler* und den einsatzbereiten *Stechrüssel.* Nun die Brust schraffieren.

6. Füge den Flügel hinzu, der einen Teil des Hinterleibs bedeckt. Unterteile den Hinterleib mit kurzen Strichen. Zeichne das dir abgewandte Hinterbein.

7. Füge die beiden übrigen Beine hinzu, außerdem weitere Schraffuren, einen Schlagschatten und ein paar Menschenhaare.

Insekten

Nachtfalter

Ordnung Lepidoptera
Familie Noctuidae (Eulenfalter)

Der Volksmund unterscheidet zwischen den (meist) nachtaktiven Nachtfaltern („Motten") und den tagaktiven Schmetterlingen. Fast alle Nachtfalter saugen Nektar mit ihrem gebogenen Saugrüssel. Eine primitive Art besitzt Kiefer zum Verzehren von Pollen. Im Gegensatz zu den Tagfaltern klappen die meisten „Motten" ihre Flügel im Ruhezustand dachförmig oder flach über den Körper zusammen oder gegen eine Unterlage.

Sieh dir die fertige Zeichnung an, *bevor du beginnst!*

Siehst du
- *drei Körperteile?*
- *sechs Beine?*
- *zwei Fühler?*
- *Flügel (wie viele)?*
- *Augen?*

Wie sieht das Insekt aus?
- *Glatt? Gemustert?*
- *Hart? Weich?*

1. Zeichne einen Kreis für den Kopf, einen kleinen Kreis für das Auge und ein großes Oval für die *Brust*.

2. Füge zwei lange Fühler und ein *Vorderbein* hinzu.

3. Zeichne das mittlere und das hintere Bein.

4. Füge den *Hinterleib* und den *hinteren Flügel* einschließlich der Adern hinzu.

5. Zeichne den *vorderen Flügel* mit den wichtigsten Adern.

6. Zeichne das Flügelmuster nach. Füge zuletzt noch Schraffuren, weitere Details und Strukturen hinzu.

Die Motte fliegt auf mich zu! Bin ich eine Leuchte?

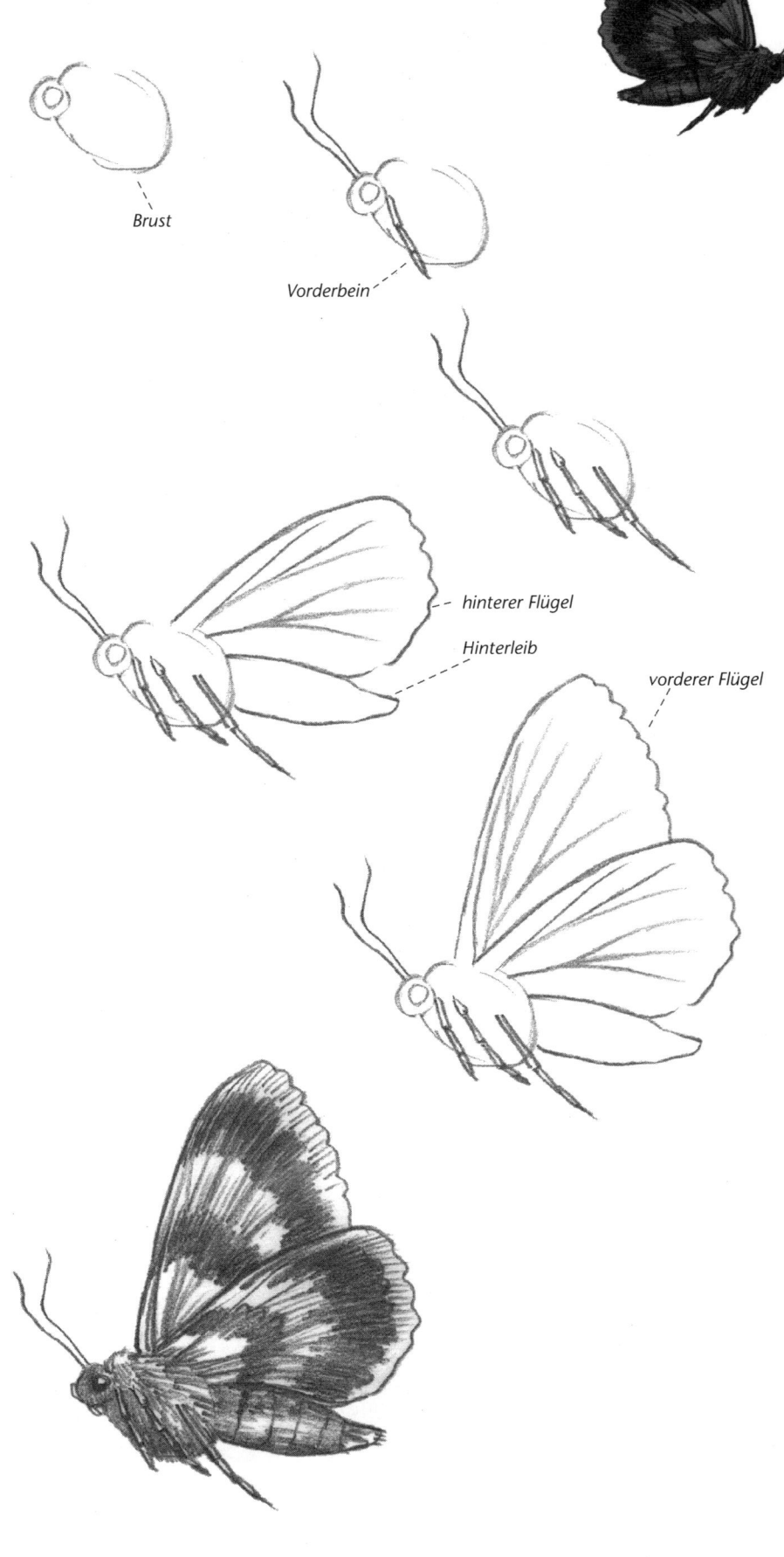

36 Insekten

Kopf   Brust

Einschnürung   Hinterleib
(Wespentaille)

vorderer Flügel   hinterer Flügel

Grabwespe

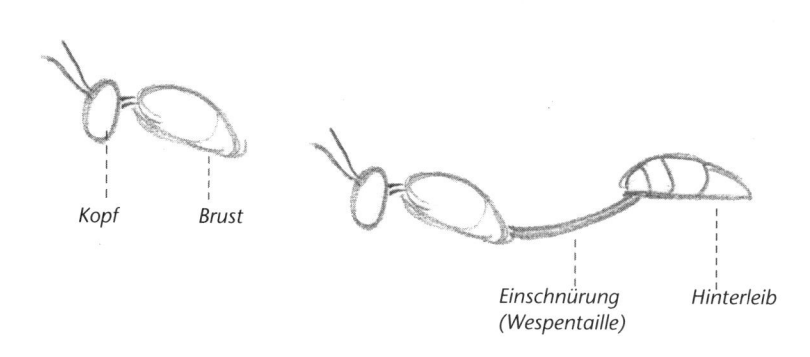

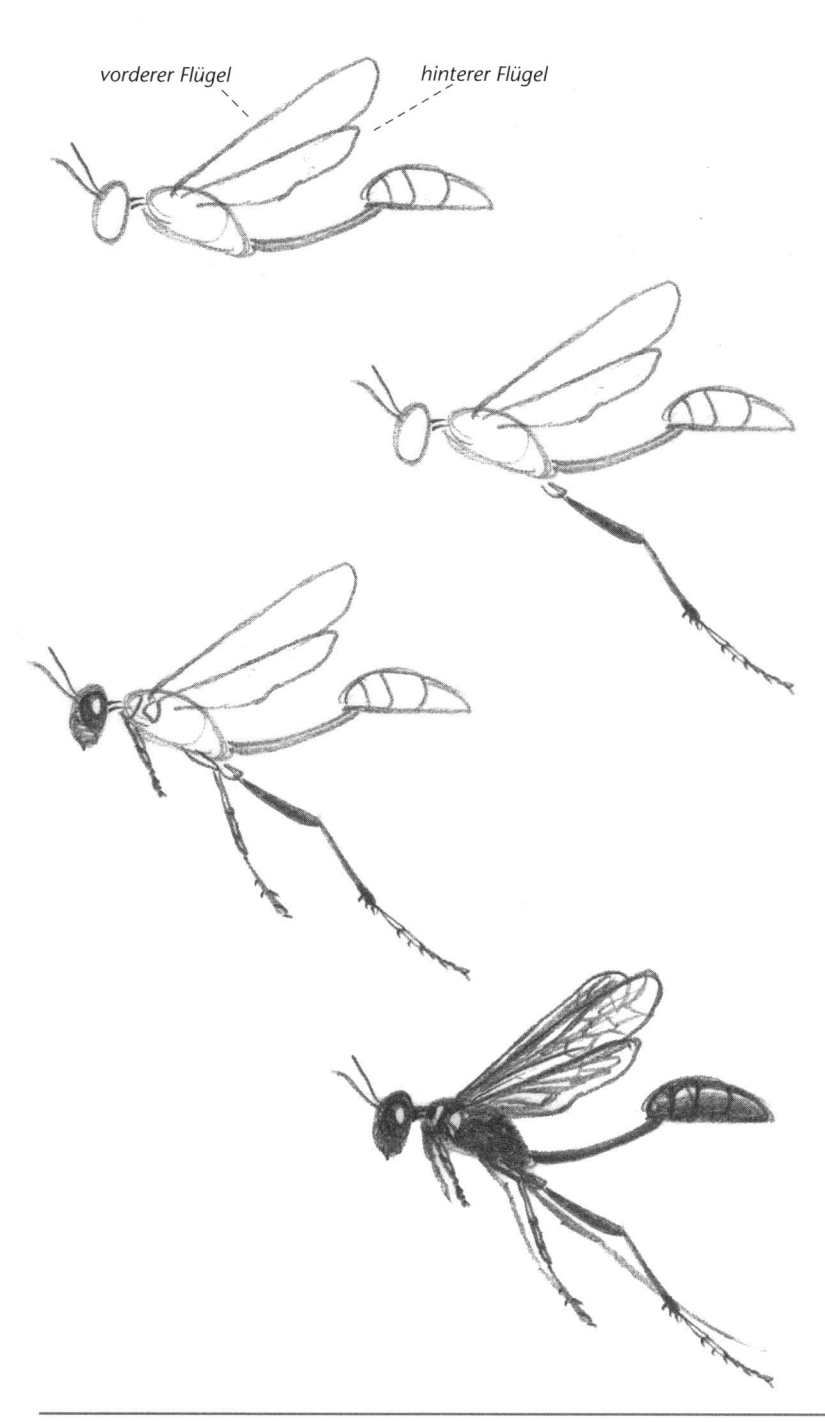

Ordnung Hymenoptera
Familie Sphecidae

Grabwespen legen ihre Eier in röhrenförmige Lehmzellen. Das Weibchen lähmt beispielsweise eine Spinne mit ihrem Gift, stopft sie als Futtervorrat in eine Zelle, legt ein Ei darauf ab und versiegelt die Zelle mit Lehm.

Sieh dir die fertige Zeichnung an, *bevor du beginnst!*

Siehst du
- *drei Körperteile?*
- *sechs Beine?*
- *zwei Fühler?*
- *Flügel (wie viele)?*
- *Augen?*

Wie sieht das Insekt aus?
- *Glatt? Gemustert?*
- *Hart? Weich?*

1. Zeichne zuerst den *Kopf*, dann die Fühler, den kurzen Hals und die *Brust*.

2. Füge die längliche *Wespentaille* und den *Hinterleib* hinzu.

3. Zeichne den *vorderen* und den *hinteren* Flügel.

4. Füge das lange Hinterbein hinzu.

5. Zeichne die beiden anderen dir zugewandten Beine. Male das Auge aus – bis auf einen hellen Fleck.

6. Skizziere die drei dir abgewandten Beine und füge den sichtbaren Teil des zweiten vorderen Flügels hinzu. Zeichne die Flügeladern sorgfältig ein. Schraffiere die Zeichnung.

Sieht aus wie ein Alien, oder?

Insekten   37

Pillenwespe

Ordnung Hymenoptera
Familie Vespidae (Faltenwespen)

Die weibliche Pillenwespe errichtet kleine, urnenförmige Brutkammern. Sie befestigt ein Ei mit einem Faden an der Urnendecke und füllt die Kammer mit gelähmten Rüsselkäferlarven als Lebendfutter für ihren Nachwuchs. Die Färbung der Wespen ist schwarz und gelb.

Sieh dir die fertige Zeichnung an, *bevor du beginnst!*

Siehst du
- *drei Körperteile?*
- *sechs Beine?*
- *zwei Fühler?*
- *Flügel (wie viele)?*
- *Augen?*

Wie sieht das Insekt aus?
- *Glatt? Gemustert?*
- *Hart? Weich?*

1. Zeichne den runden Kopf, der die ovale Brust *überlappt*.

2. Füge die *Wespentaille* und den spitzovalen *Hinterleib* hinzu.

3. Zeichne die Flügel.

4. Füge die abgeknickten *Fühler* und das sichtbare *vordere Bein* hinzu.

5. Zeichne die Augen und die beiden anderen dir zugewandten Beine sowie die Brutkammer.

6. Füge Schraffuren, Strukturen, Flügeladern und Hinterleibsmuster hinzu. Zeichne ein paar Grashalme ...

    ... und vielleicht noch ein winziges Stück der Rüsselkäferlarve, die von der Wespenmutter soeben als Proviant für ihren Nachwuchs eingebunkert wird. *Hamm!*

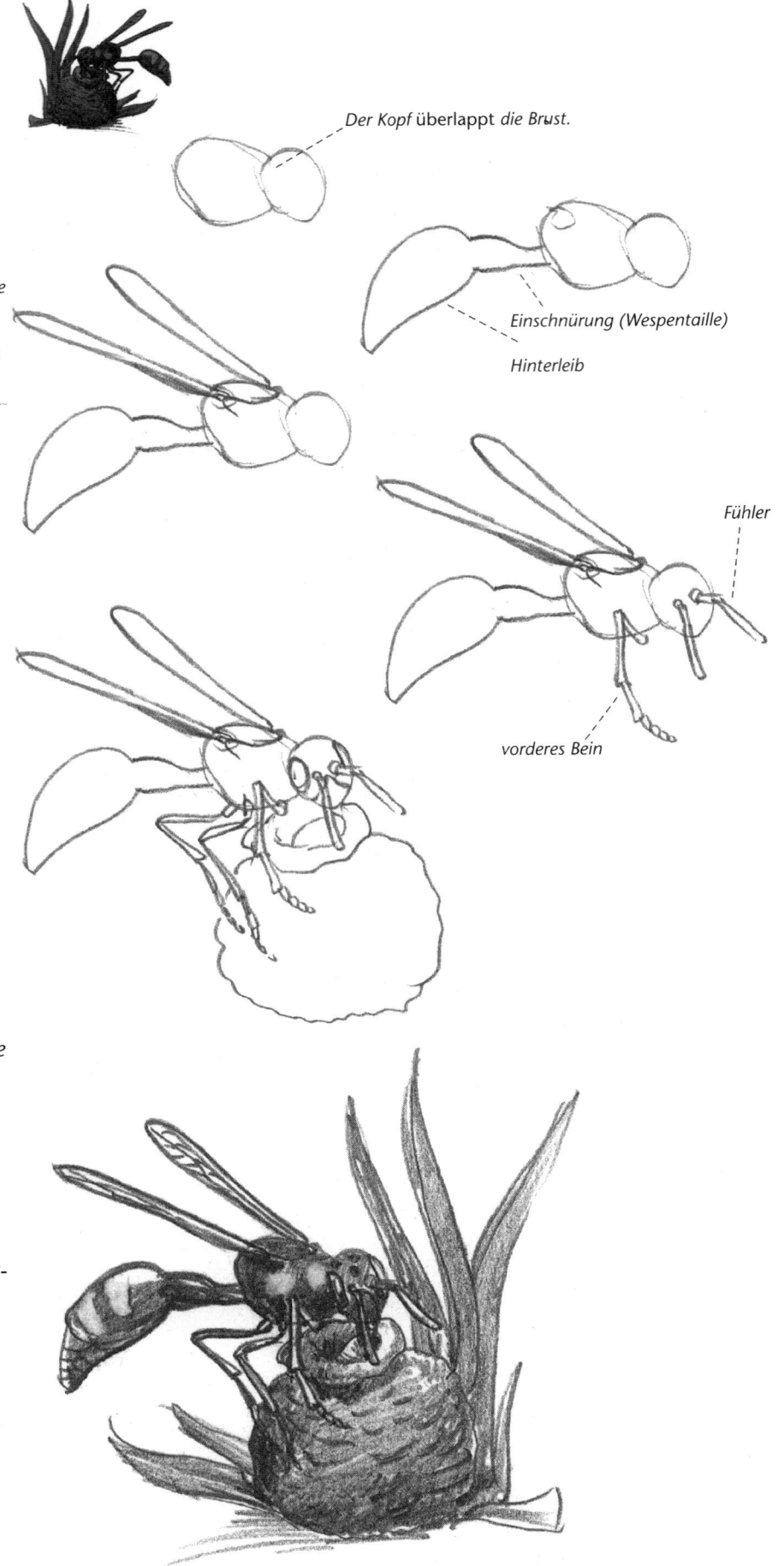

Der Kopf überlappt *die Brust.*

Einschnürung (Wespentaille)

Hinterleib

Fühler

vorderes Bein

38 Insekten

Gottesanbeterin

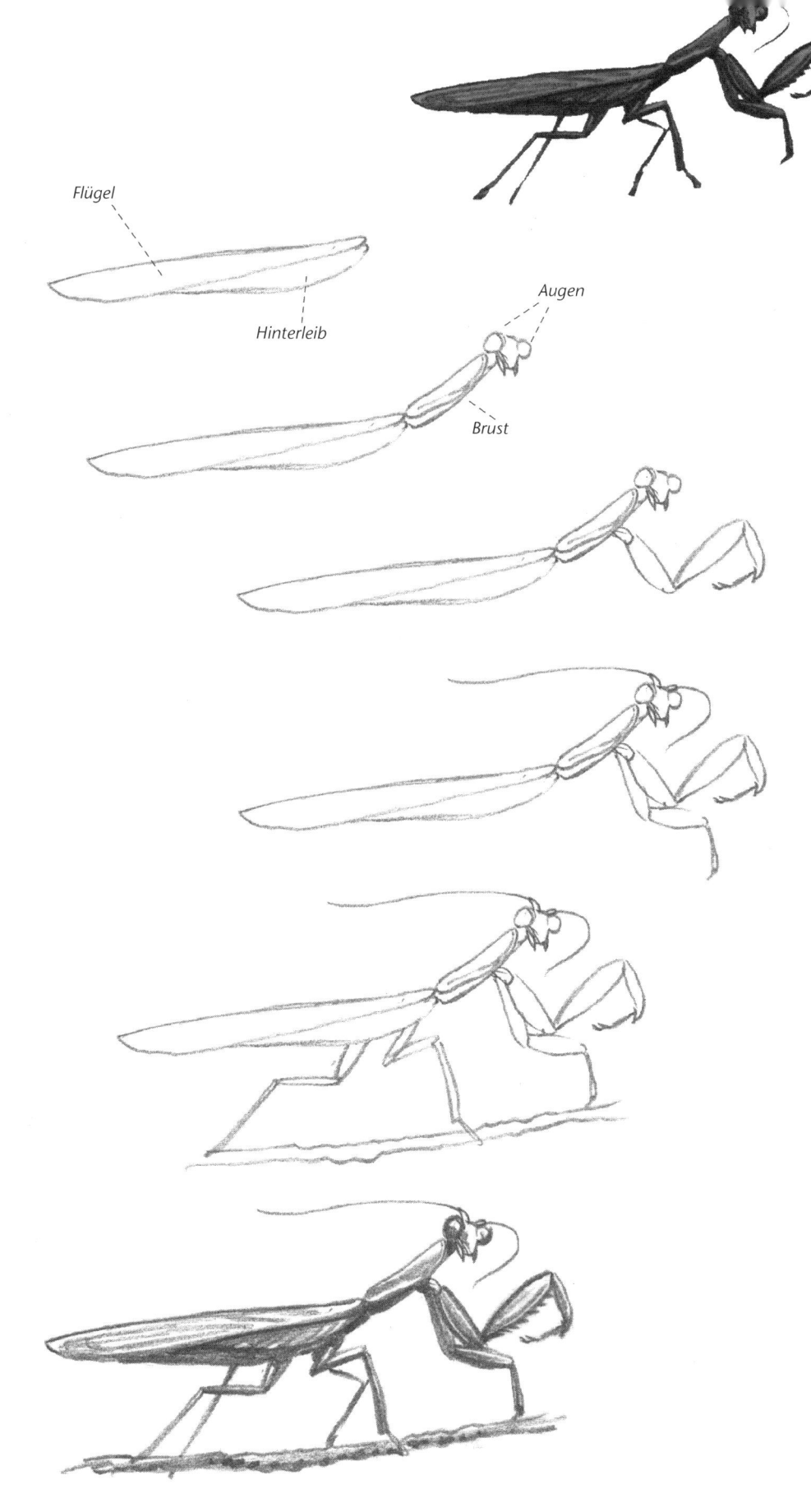

Ordnung Mantodea
Familie Mantidae

Die Gottesanbeterin lauert im Hinterhalt, um mit ihren dornigen Fangbeinen blitzartig nach Beute zu greifen. Mit ihren kräftigen Mundwerkzeugen vermag sie auch den Kopf von robusten Insekten wie etwa Wespen zu durchtrennen. Dank ihres beweglichen Halses kann sich die Gottesanbeterin zu dir umdrehen – Schreck, lass nach! Diese Insekten sind Kannibalen, und häufig betreibt das Weibchen noch während der Paarung Gattenmord.

Sieh dir die fertige Zeichnung an, *bevor du beginnst!*

Siehst du
- *drei Körperteile?*
- *sechs Beine?*
- *zwei Fühler?*
- *Flügel?*
- *Augen?*

1. Zeichne den länglichen *Hinterleib* und den schlanken *Flügel*.

2. Füge die leicht abgewinkelte *Brust* hinzu, dann den Kopf mit *Augen* und Mundwerkzeugen.

3. Zeichne das zum Angriff erhobene gegliederte Vorderbein.

4. Füge die Fühler und das zweite Vorderbein hinzu.

5. Zeichne die beiden dir zugewandten Hinterbeine. Sieh genau hin, wie sie abgewinkelt sind.

6. Füge die beiden dir abgewandten Hinterbeine hinzu und danach Schraffuren, Strukturen und Details.

Insekten

Pyrgota undata

Ordnung Diptera
Familie Pyrgotidae

Diese Fliege legt ihre Eier auf dem Rücken eines fliegenden Maikäfers ab! Die geschlüpften Larven ernähren sich dann von dem Käfer, was dieser auf Dauer nicht überleben wird. Klingt wie aus einem Science-Fiction-Film ...

Sieh dir die fertige Zeichnung an, *bevor du beginnst!*

Siehst du
- *drei Körperteile?*
- *sechs Beine?*
- *zwei Fühler?*
- *Flügel (wie viele)?*
- *Augen?*

Wie sieht das Insekt aus?
- *Glatt? Gemustert?*
- *Hart? Weich?*

1. Zeichne den spitzovalen *Hinterleib* und die *hinteren Flügel* des Maikäfers.

2. Füge die vier sichtbaren Beine und das Hinterleibsmuster hinzu.

3. Zeichne die *vorderen Flügel* ein (diese Deckflügel werden bei Käfern im Flug nicht bewegt). Lass genügend Platz für den Angreifer.

4. Füge *Kopf, Brust* und *Hinterleib* der Fliege hinzu.

5. Zeichne die Flügel und Fühler der Fliege.

6. Schraffiere die Zeichnung mit einem stumpfen Bleistift und ziehe die Hauptlinien abschließend mit spitzem Stift nach.

Luftattacke!

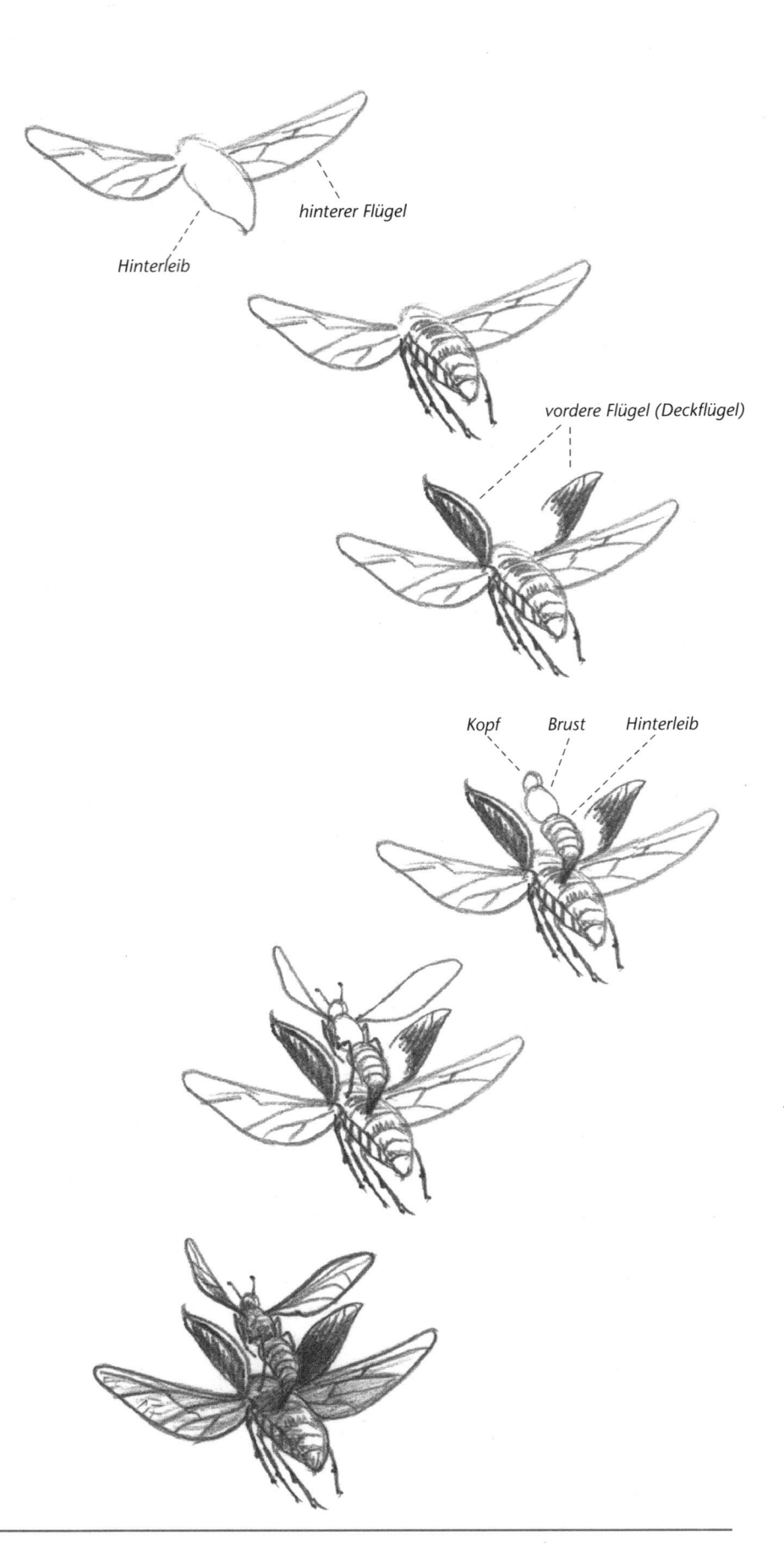

40 **Insekten**

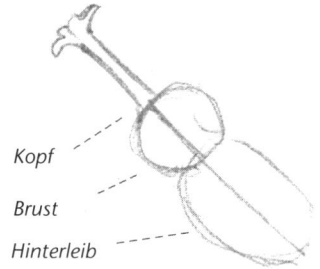

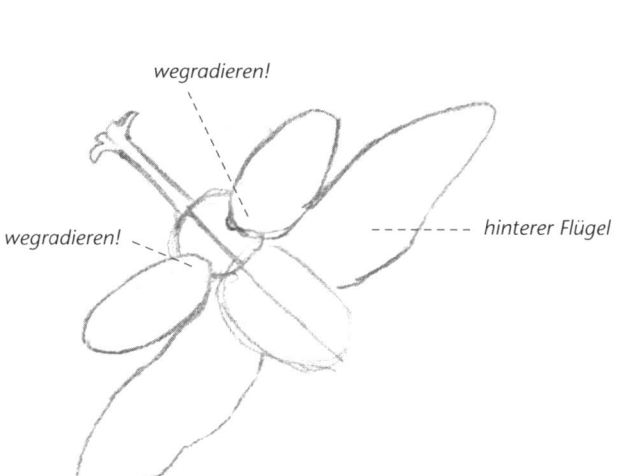

Blatthornkäfer

Ordnung Coleoptera
Familie Scarabaeidae

Dies ist eine von rund 20 000 verschiedenen Arten des Blatthornkäfers! Manche von ihnen besitzen eine prächtige Metallfärbung, andere wiederum imposante Hörner. Die auffälligen keulenförmigen Fühler sind allen gemeinsam. Zu dieser Familie zählt auch der Skarabäus (Heiliger Pillendreher), der in der Kunst der alten Ägypter häufig vorkommt; auch ihr Sonnengott hatte den Kopf eines Käfers. Die Ägypter glaubten, die Sonne werde auf die gleiche Weise über das Firmament geschoben, wie der Pillendreher seine Dungkugeln über den Boden rollt.

Sieh dir die fertige Zeichnung an, *bevor du beginnst!*

Siehst du
- drei Körperteile?
- sechs Beine?
- zwei Fühler?
- Flügel (wie viele)?
- Augen?

Wie sieht das Insekt aus?
- Glatt? Gemustert?
- Hart? Weich?

1. Zeichne den *Kopf* mit dem langen Horn, die *Brust* und den *Hinterleib*.

2. Füge die schützenden *Vorderflügel (Deckflügel)* hinzu.

3. Radiere die von den Flügeln überdeckten Brustlinien weg und zeichne die *Hinterflügel*.

4. Zeichne sorgfältig die Flügeladern, die Vorder- und Hinterbeine und die keulenartigen Fühler.

5. Füge Schraffuren und Details hinzu.

Ein kesser Käfer!

Insekten

Schildwanze

Ordnung Hemiptera (Wanzen)
Familie Pentatomidae

Marienkäfer können zur Verteidigung etwas Blut austreten lassen (Reflexbluten). Ein Angreifer, der einmal von diesem extrem bitteren, hellorange-gelben Blut probiert hat, lernt schnell, diesen Käfer zu meiden. Diese Schildwanze jedoch ist immun gegen das Blut des Marienkäfers; deshalb saugt sie unseren kleinen Blattlausvertilger genüsslich aus.

Sieh dir die fertige Zeichnung an, *bevor du beginnst!*

Siehst du
- *drei Körperteile?*
- *sechs Beine?*
- *zwei Fühler?*
- *Flügel (wie viele)?*
- *Augen?*

1. Skizziere die *Mittellinie* und den Körperumriss.

2. Zeichne die Begrenzungslinien für die *Brust,* den *Hinterleib* und das *Schildchen (Scutellum)* ein.

3. Füge die Vorderflügel hinzu (sie verdecken die Hinterflügel). Die verdickte Basis bezeichnet man als *Corium,* das dünnere Ende als *Membran.*

4. Zeichne den *Kopf,* die Augen und die getüpfelten Seiten des Hinterleibs.

5. Füge die Beine, Mundwerkzeuge und Fühler hinzu.

6. Füge abschließend noch einige Schraffuren und Strukturen sowie den Schlagschatten hinzu – und *selbstverständlich* das Opfer!

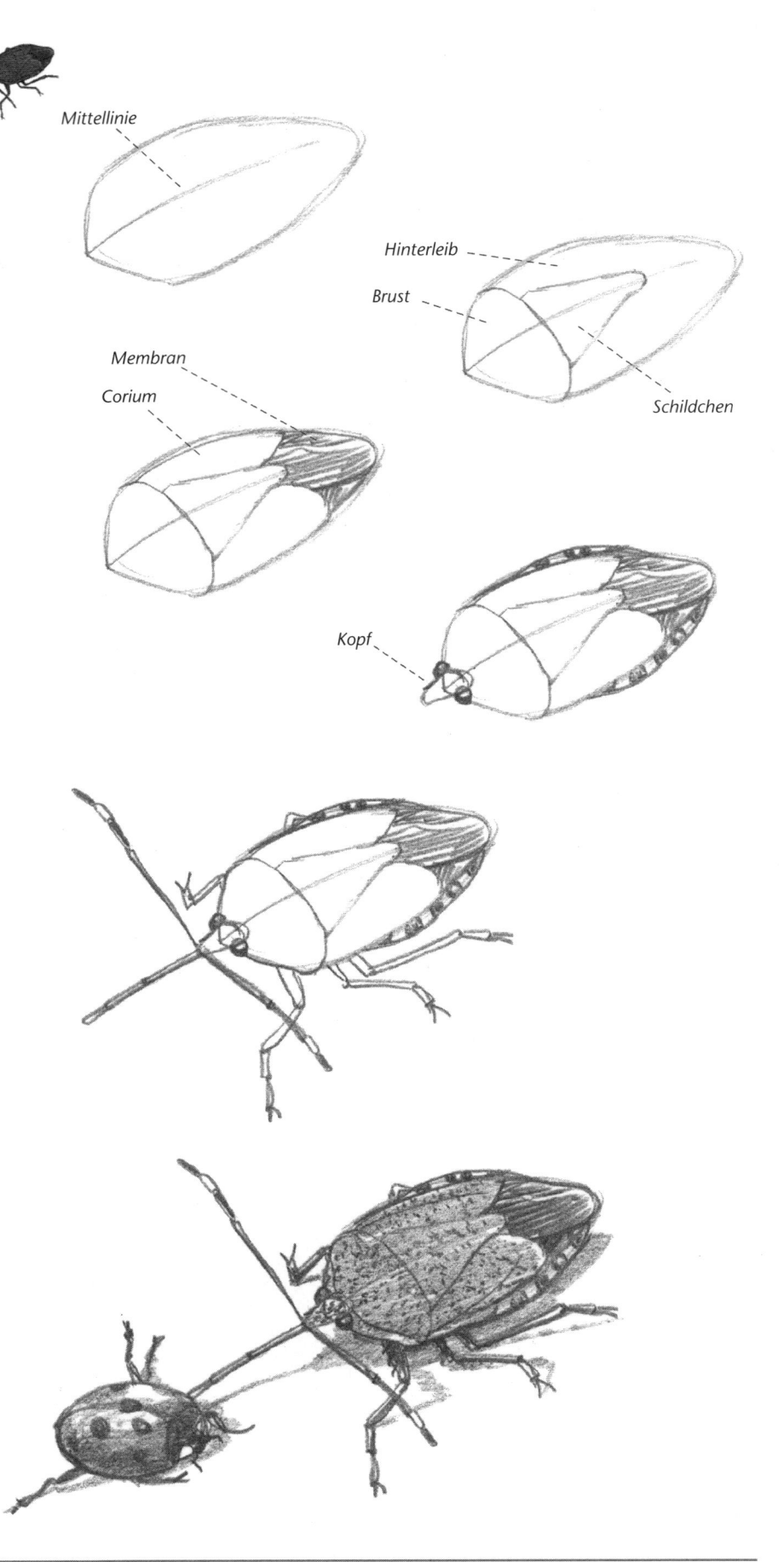

42   Insekten

Silberfischchen

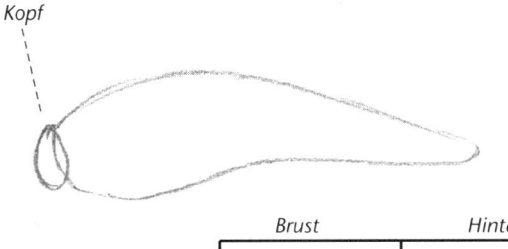

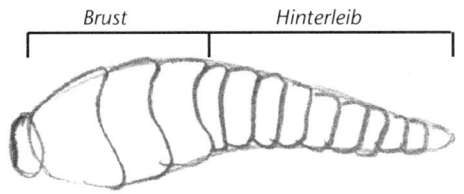

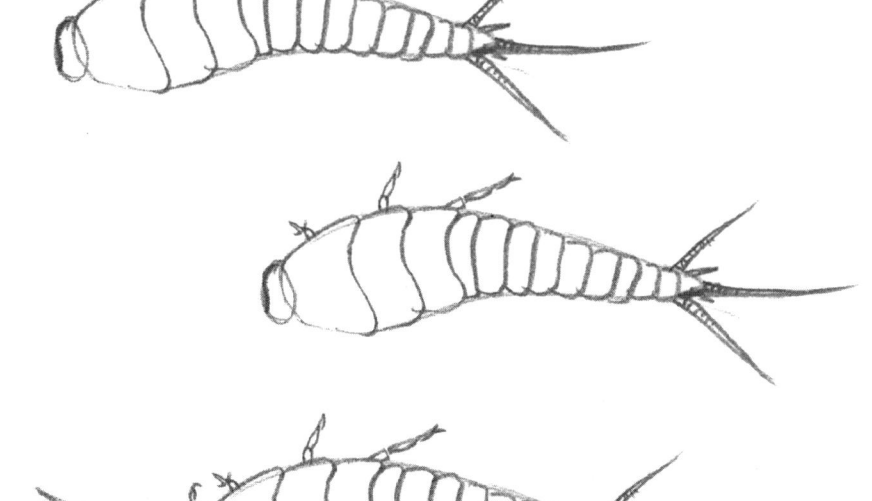

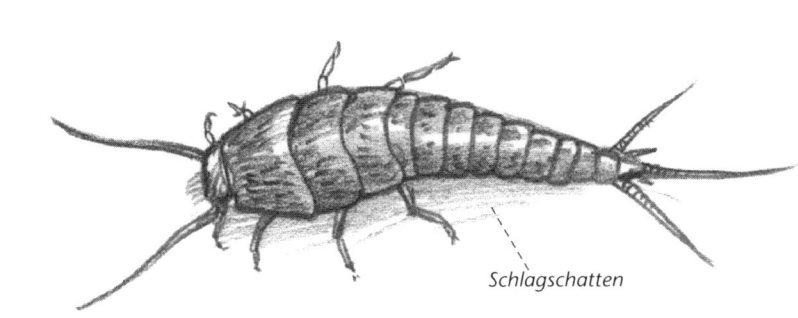

Ordnung Thysanura (Borstenschwänze)
Familie Lepismatidae

Das zu den Ur-Insekten zählende Silberfischchen lebt bevorzugt in Badezimmern, Küchen und Vorratskammern und kann in größerer Zahl zu einer Plage werden. Es frisst stärkehaltige Substanzen wie etwa Mehl und Bucheinbände, kann aber auch einige Monate ganz ohne Nahrung auskommen.

Sieh dir die fertige Zeichnung an, *bevor du beginnst!*

Siehst du
- *drei Körperteile?*
- *sechs Beine?*
- *zwei Fühler?*
- *Flügel (wie viele)?*
- *Augen?*

Wie sieht das Insekt aus?
- *Glatt? Gemustert?*
- *Hart? Weich?*

1. Skizziere ein längliches, leicht gebogenes und spitz zulaufendes Oval für den Körper und ein kleines senkrechtes Oval für den *Kopf*.

2. Zeichne die Segmente der *Brust* und des *Hinterleibs*.

3. Füge den markanten dreiteiligen Borstenschwanz hinzu.

4. Zeichne auf einer Seite drei kleine Beine ein.

5. Füge die drei anderen Beine hinzu. Zeichne die Fühler und die kleinen Mundwerkzeuge (*Kiefertaster*).

6. Füge Strukturen und Schraffuren sowie einen angedeuteten Schlagschatten hinzu.

Ein wirklich schillerndes Silberfischchen!

Insekten 43

Spring-schwanz

Ordnung Collembola
Unterordnung Symphypleona

Die winzigen, ungeflügelten Springschwänze sind mit zahlreichen Arten vertreten. Manche leben sogar auf Schnee und Eis und können dank ihrer Sprunggabel beachtliche Sprünge vollführen! Auf einem Hektar können mehrere Millionen Springschwänze leben. Die meisten Arten betätigen sich als Restevertilger und gelten daher nicht als Schädlinge.

Sieh dir die fertige Zeichnung an, *bevor du beginnst!*

Siehst du
- *sechs Beine?*
- *zwei Fühler?*
- *Flügel?*
- *Augen?*

Wie sieht das Insekt aus?
- *Glatt? Gemustert?*
- *Hart? Weich?*

1. Zeichne *Kopf* und Auge sowie die drei Segmente der *Brust*.

2. Füge einen Fühler und ein Vorderbein hinzu (beide sind gegliedert).

3. Zeichne zwei weitere Beine hinzu.

4. Füge den *Hinterleib* und die *Sprunggabel* hinzu.

5. Unterteile den Hinterleib in einzelne Segmente. Füge den zweiten Fühler und das dir abgewandte Vorderbein hinzu.

6. Füge Schraffuren und Details hinzu. Lass den Körper glänzend erscheinen, indem du mehrere Flecke hell lässt.

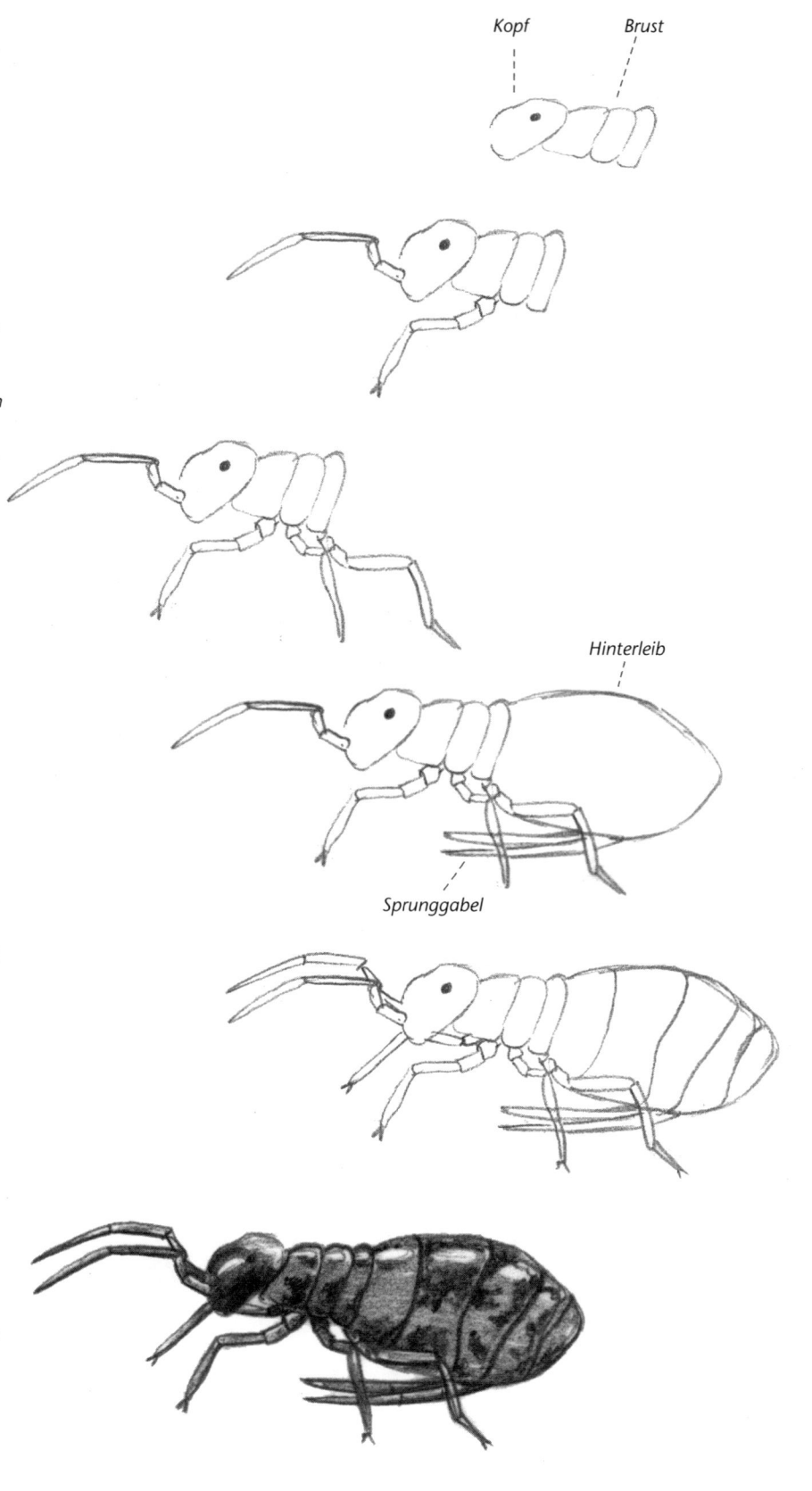

44 Insekten

Mittellinie — *Auge*
Brust — *Kopf*

Schildchen
Flügelende — *Flügelbasis*
zweiter Flügel

Schlagschatten

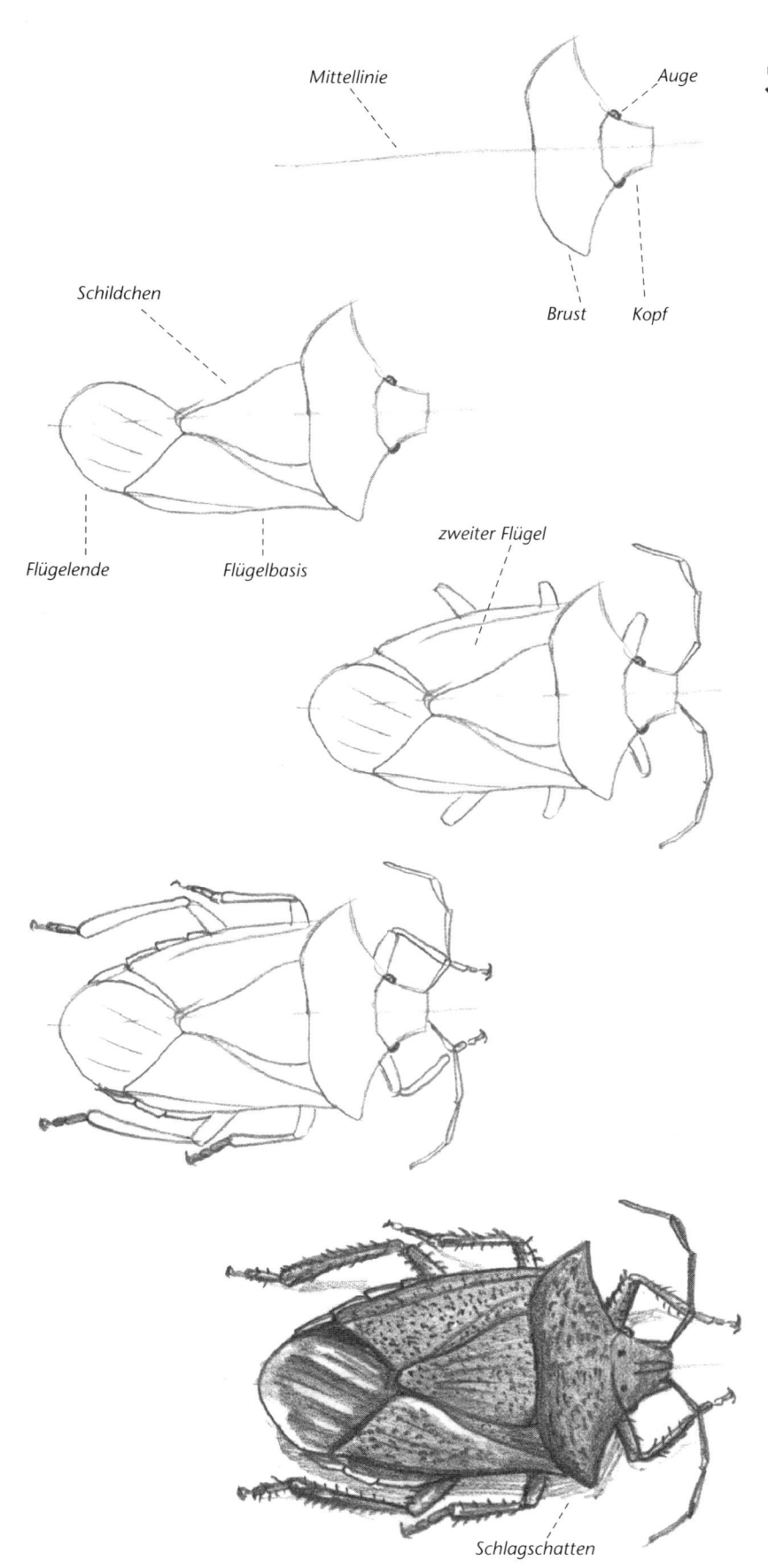

Stinkwanze

Ordnung Hemiptera (Wanzen)
Familie Pentatomidae

Wenn die Stinkwanzen sich gestört fühlen, scheiden sie eine übel riechende Flüssigkeit aus. Manche Stinkwanzen fressen Raupen und Larven, andere wiederum ernähren sich von Pflanzensaft.

Sieh dir die fertige Zeichnung an, *bevor du beginnst!*

Siehst du
- *drei Körperteile?*
- *sechs Beine?*
- *zwei Fühler?*
- *Flügel (wie viele)?*
- *Augen?*

Wie sieht das Insekt aus?
- *Glatt? Gemustert?*
- *Hart? Weich?*

1. Skizziere zunächst eine *Mittellinie*, dann den Kopf mit den beiden *Augen* und die *Brust*.

2. Füge das dreieckige *Schildchen (Scutellum)* hinzu sowie einen *Flügel* (sein *Ende* ist durchscheinend).

3. Zeichne den *zweiten Flügel*, die Fühler und jeweils den ersten Abschnitt der sechs Beine.

4. Vervollständige die Beine.

5. Füge Schraffuren, Details und Strukturen hinzu. Zeichne abschließend mit einem stumpfen Bleistift noch einen *Schlagschatten* ein.

Insekten 45

Termite (Arbeiter)

Ordnung Isoptera

Die meisten Termitenarten ernähren sich von Holz, das sie dank spezieller Mikroorganismen in ihrem Darm verdauen können. Termiten können große Schäden an Gebäuden anrichten. Wie die Ameisen leben auch sie in einer hoch entwickelten Gesellschaft aus Arbeitern, Soldaten und geflügelten Geschlechtstieren. Bei manchen Arten gibt es so genannte Nasensoldaten, die an ihren Stirnzapfen eine Flüssigkeit ausscheiden können. Diese dient dem Bau und der Reparatur der Nester, doch auch der Abwehr von Eindringlingen. Ameisen, aufgepasst!

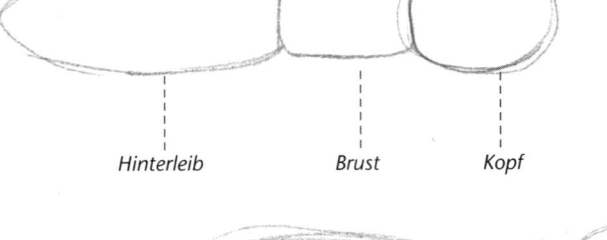

Hinterleib   Brust   Kopf

Sieh dir die fertige Zeichnung an, *bevor du beginnst!*

Siehst du
- *drei Körperteile?*
- *sechs Beine?*
- *zwei Fühler?*
- *Flügel?*
- *Augen?*

Wie sieht das Insekt aus?
- *Glatt? Gemustert?*
- *Hart? Weich?*

1. Zeichne den *Hinterleib*, die *Brust* und den *Kopf*.

2. Unterteile die Brust in drei Abschnitte.

3. Zeichne die drei Beinpaare mit Sorgfalt.

4. Unterteile den Hinterleib in zehn Abschnitte.

5. Zeichne die Fühler, die *Mundwerkzeuge (Mandibeln)* sowie die benachbarten Details. Füge leichte Schraffuren und kurze Härchen hinzu.

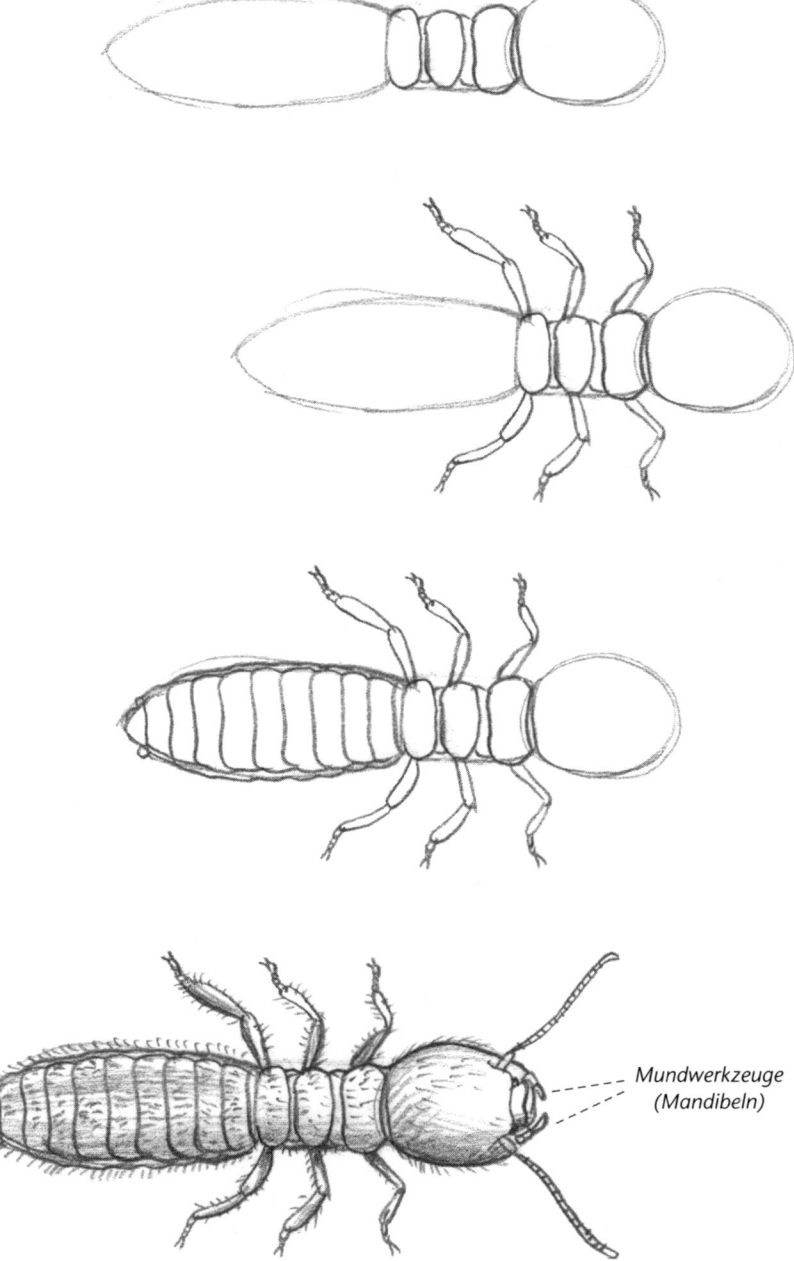

Mundwerkzeuge (Mandibeln)

46   Insekten

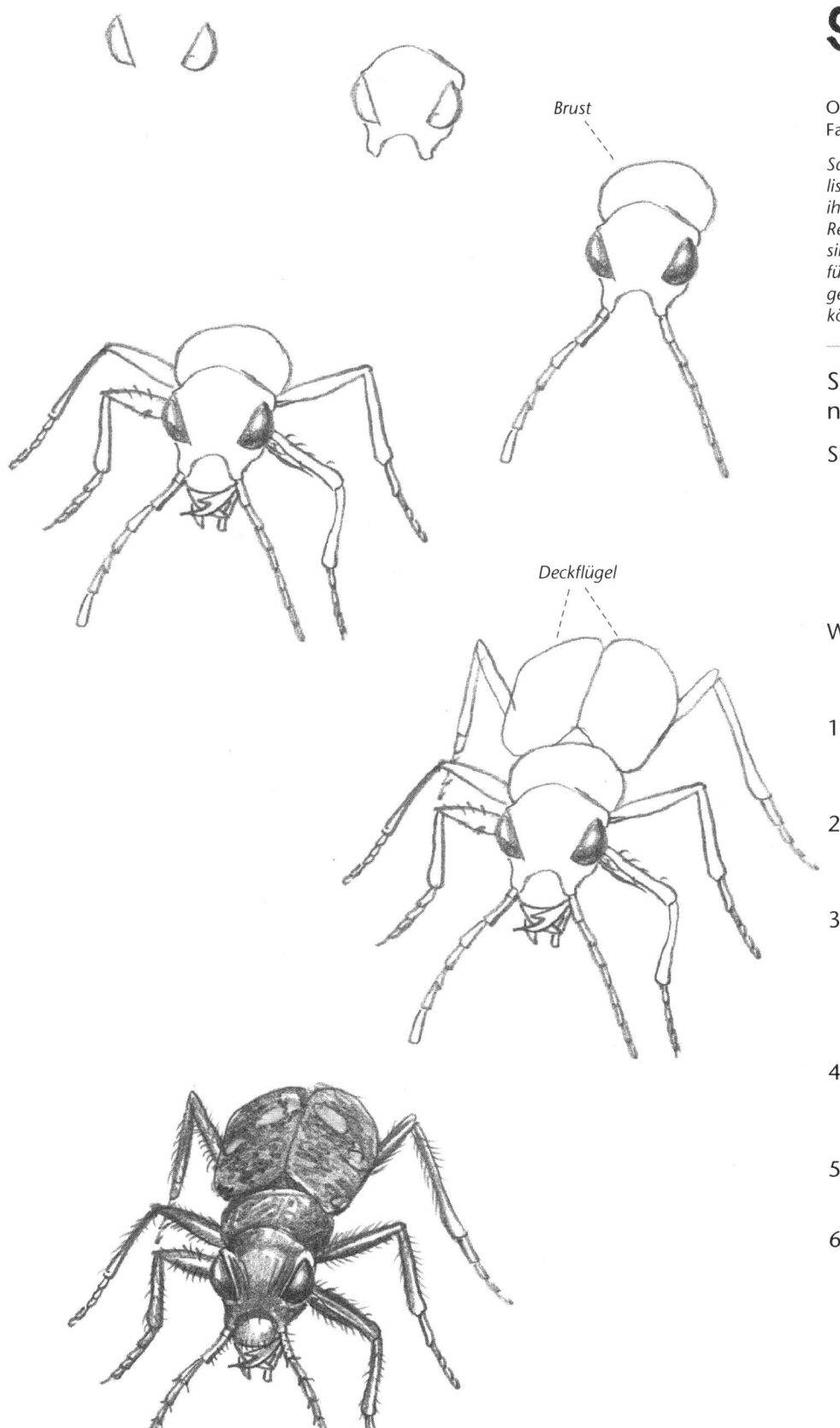

Sandlaufkäfer

Ordnung Coleoptera
Familie Cicindelidae

Sandlaufkäfer besitzen meist eine metallisch glänzende Färbung. Man begegnet ihnen bei hellem Sonnenlicht in sandigen Regionen. Die schnellen Läufer und Flieger sind aufgrund ihrer kräftigen Kiefer gefürchtete Räuber. Sie sind schwer zu fangen, was auch sein Gutes hat: Manche können schmerzhaft beißen.

Sieh dir die fertige Zeichnung an, *bevor du beginnst!*

Siehst du
- *drei Körperteile?*
- *sechs Beine?*
- *zwei Fühler?*
- *Flügel?*
- *Augen?*

Wie sieht das Insekt aus?
- *Glatt? Gemustert?*
- *Hart? Weich?*

1. Beginne mit zwei nach außen geneigten Halbkreisen für die Augen.

2. Füge den Kopfumriss hinzu (erst genau ansehen, dann zeichnen).

3. Male die Augen bis auf jeweils ein Glanzlicht aus. Zeichne die rundliche *Brust*. Füge die langen, gegliederten Fühler hinzu.

4. Zeichne die sichelförmigen Mundwerkzeuge und die beiden ersten Beinpaare.

5. Füge die *Deckflügel* und die hinteren Beine hinzu.

6. Vollende deine Zeichnung durch Hinzufügen von Schraffuren, Details und kleinen Borstenhaaren.

Invasion aus dem Weltall? Na ja, nicht ganz so schlimm!

Insekten

Buckelzirpe

Ordnung Homoptera
Familie Membracidae

Buckelzirpen besitzen einen nach hinten verlängerten Halsschild. Dieses dornenartige Aussehen bietet ihnen eine gute Tarnung und Schutz vor Feinden. Buckelzirpen ernähren sich von Pflanzensaft. Die Spezies ist in Wirklichkeit hellgrün mit roten Streifen.

Sieh dir die fertige Zeichnung an, *bevor du beginnst!*

Siehst du
- *drei Körperteile?*
- *sechs Beine?*
- *zwei Fühler?*
- *Flügel (wie viele)?*
- *Augen?*

Wie sieht das Insekt aus?
- *Glatt? Gemustert?*
- *Hart? Weich?*

1. Zeichne eine waagerechte Linie für den Pflanzenstängel. Füge drei gegliederte Beine und einen länglichen Flügel hinzu.

2. Zeichne den Kopf und das glänzende Auge.

3. Zeichne eine lange, geschwungene Linie für die Vorderkante des *Pronotums* (Rückenseite des ersten Brustsegments).

4. Füge die nach innen gekrümmte Hinterkante des *Pronotums* und einzelne Linien hinzu, die ebenfalls der Tarnung dienen.

5. Füge Schraffuren und Strukturen hinzu, einschließlich Flügeladern. Zeichne einen *echten* Dorn, damit die Buckelzirpe besser getarnt ist und nicht gleich einem vorbeifliegenden Vogel zum Opfer fällt.

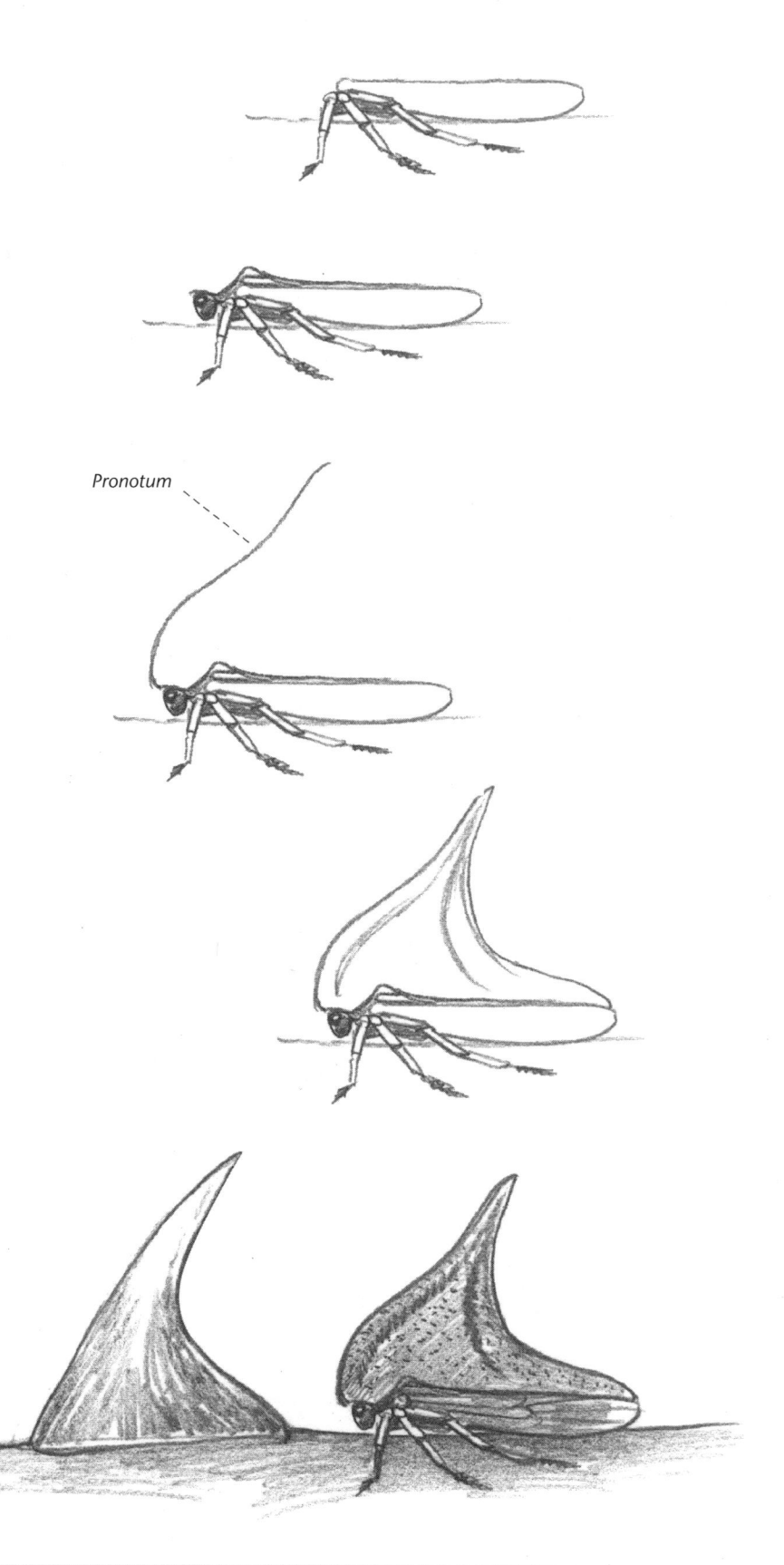

Insekten

Stabschrecke

Ordnung Phasmatodea
Familie Phasmidae

Stabschrecken verharren tagsüber ohne jede Regung und tun damit das, was sie am besten können: wie ein Zweig aussehen, um nicht gefressen zu werden. Sie sind sich ihrer Sache so sicher, dass sie sich anfassen lassen, ohne sich zu verteidigen oder einen Fluchtversuch zu unternehmen. Stabschrecken sind Blattfresser und können an einer vorgebildeten Bruchstelle ihre Beine abwerfen – die dann wieder nachwachsen.

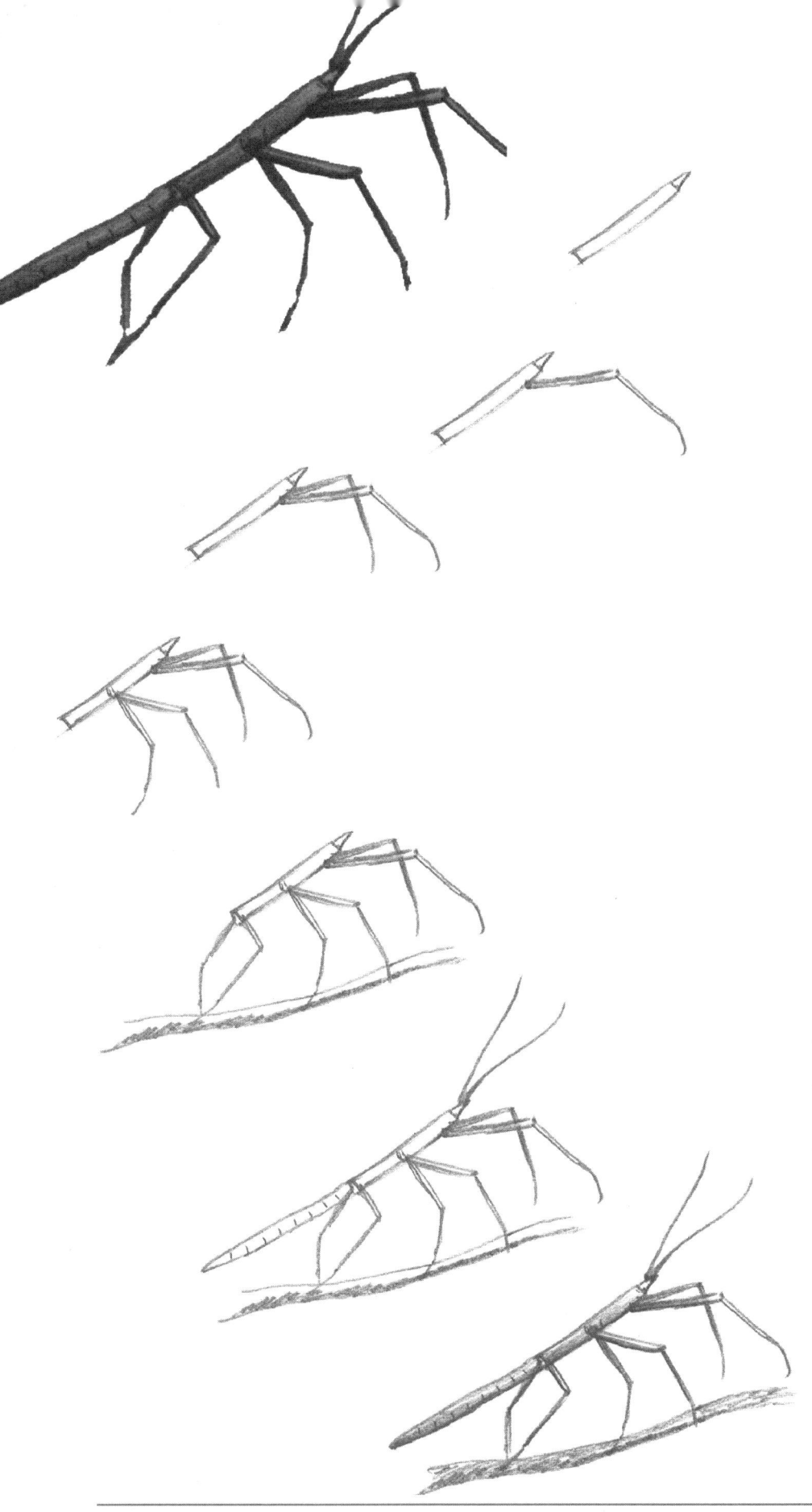

Sieh dir die fertige Zeichnung an, *bevor du beginnst!*

Siehst du
- *drei Körperteile?*
- *sechs Beine?*
- *zwei Fühler?*
- *Flügel (wie viele)?*
- *Augen?*

Wie sieht das Insekt aus?
- *Glatt? Gemustert?*
- *Hart? Weich?*

1. Zeichne einen kleinen Stab mit schräg nach oben weisender Spitze.

2. Füge ein langes, schlankes Bein hinzu ...

3. ... noch eins ...

4. ... zwei weitere ...

5. ... und nochmals zwei. Zeichne einen Zweig darunter.

6. Füge die Fühler und den gegliederten Hinterleib hinzu.

7. Nun noch einige Schraffuren – und *fertig!*

Zeichne einige weitere Zweige, damit deine Stabschrecke perfekt getarnt ist!

Insekten

Warzen-
beißer

Ordnung Orthoptera
Familie Tettigoniidae

Wenn man den Warzenbeißer aufhebt, kann dieses in Europa heimische Insekt zubeißen und zugleich seinen braunen Magensaft erbrechen. Benannt wurde es vor über 200 Jahren von dem schwedischen Naturforscher Linné. Nach einem schon damals verbreiteten Volksglauben wirken Biss und Saft gegen Warzen, was man noch Ende der 1940er Jahre in Oberschlesien mit Erfolg praktizierte!

Sieh dir die fertige Zeichnung an, *bevor du beginnst!*

Siehst du
- *drei Körperteile?*
- *sechs Beine?*
- *zwei Fühler?*
- *Flügel (wie viele)?*
- *Augen?*

Wie sieht das Insekt aus?
- *Glatt? Gemustert?*
- *Hart? Weich?*

1. Beginne mit einem geneigten Oval für den Kopf und zeichne einen Kreis für das Auge hinein. Füge das unregelmäßig geformte erste *Brustsegment* (Prothorax) hinzu.

2. Zeichne das vordere Bein ...

3. ... dann das mittlere Bein ...

4. ... und das kräftige Hinterbein, das vom mittleren Bein teilweise verdeckt wird.

5. Zeichne die übrigen Körperteile hinzu und achte auf die verdeckten Stellen.

6. Füge Schraffuren, Strukturen und Muster hinzu.

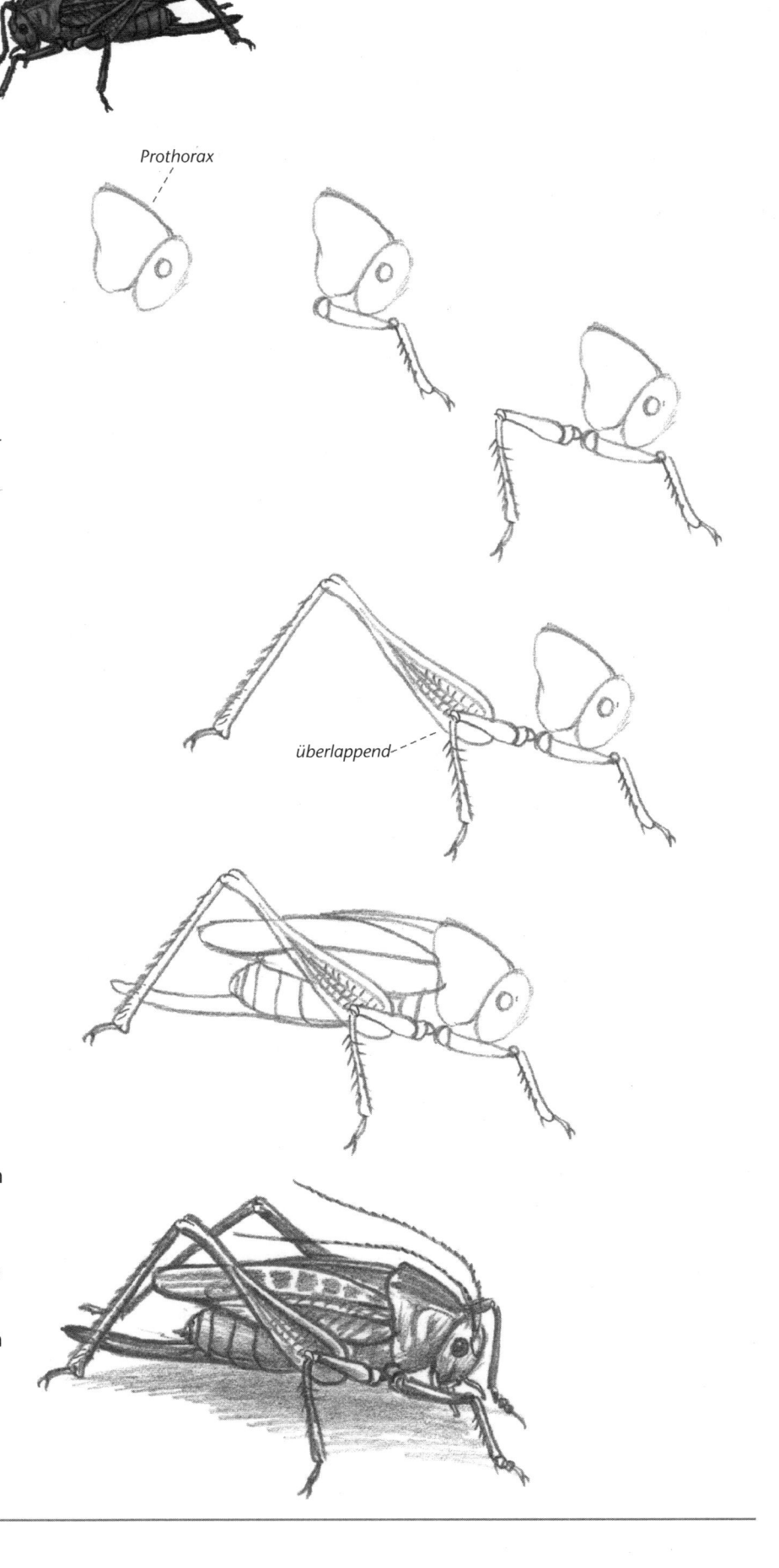

Prothorax

überlappend

Insekten

Flügel

Körper

Wasserläufer

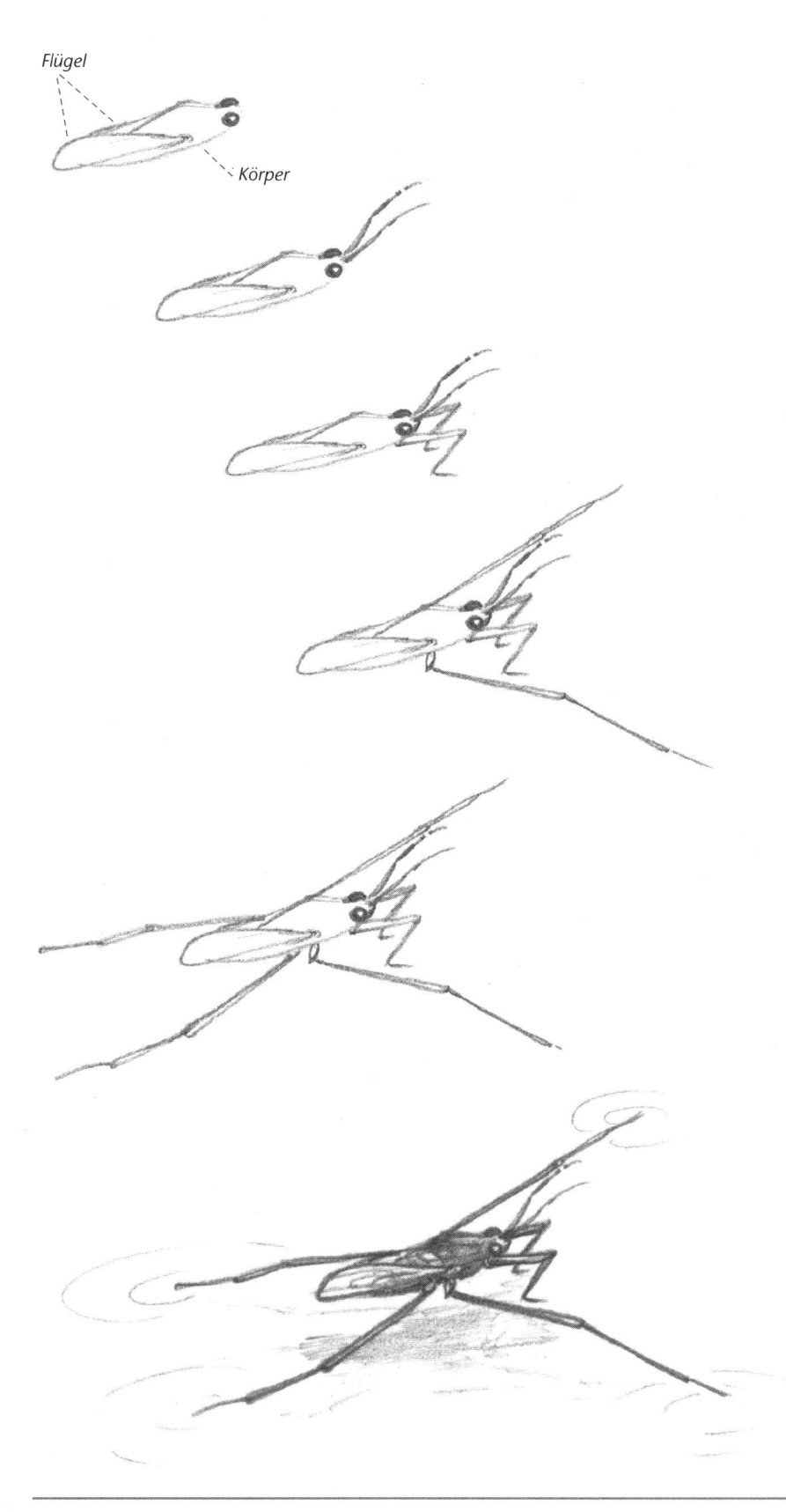

Ordnung Hemiptera (Wanzen)
Familie Gerridae

Wasserläufer bevölkern die Oberfläche von Gewässern (teilweise sogar von Meeren) und ernähren sich von allem, was ins Wasser fällt oder an die Oberfläche gelangt. Manche Arten besitzen Flügel.

Sieh dir die fertige Zeichnung an, *bevor du beginnst!*

Siehst du
- *drei Körperteile?*
- *sechs Beine?*
- *zwei Fühler?*
- *Flügel?*
- *Augen?*

Wie sieht das Insekt aus?
- *Glatt? Gemustert?*
- *Hart? Weich?*

1. Zeichne den *Körper* und die leicht abgewinkelten *Flügel*. Füge die Augen hinzu.

2. Zeichne die beiden Fühler.

3. Füge die Z-förmigen Vorderbeine hinzu.

4. Zeichne die langen, weit nach vorn reichenden mittleren Beine. (Die Beine bestehen jeweils aus mindestens drei Abschnitten.)

5. Zeichne die Hinterbeine.

6. Füge Schraffuren und Details hinzu (die Flügeladern nicht vergessen!), außerdem einige Wasserringe und einen leichten Schlagschatten.

Würdest du gerne auf dem Wasser gehen können?

Insekten 51

Faltenwespe

Ordnung Hymenoptera
Familie Vespidae

Faltenwespen sind unterirdisch lebende Wespen, die sich jedoch für unser Picknick interessieren und beim geringsten Anlass wiederholt zustechen können. Falls es dir gelingt, ihr Nest zu finden, kannst du eine durchsichtige Schüssel über den Eingang stülpen und sie dann eine Weile gefahrlos beobachten.

Sieh dir die fertige Zeichnung an, *bevor du beginnst!*

Siehst du
- *drei Körperteile?*
- *sechs Beine?*
- *zwei Fühler?*
- *Flügel?*
- *Augen?*

1. Zeichne ein senkrechtes, auf einer Spitze stehendes Oval für den Kopf. Füge die beiden Fühler hinzu.

2. Zeichne *Brust* und den *Hinterleib*.

3. Zeichne einen Flügel und das dir zugewandte Hinterbein.

4. Füge das mittlere und das vordere Bein hinzu, einschließlich der vielen kleinen Abschnitte.

5. Zeichne die drei dir abgewandten Beine und skizziere die einzelnen Körpermuster (das *Auge* verlangt besondere Sorgfalt).

6. Schraffiere den gemusterten Hinterleib, die flaumig wirkende Brust und den Kopf. Lass beim Ausmalen des Auges einen Fleck hell, damit es glänzend erscheint.

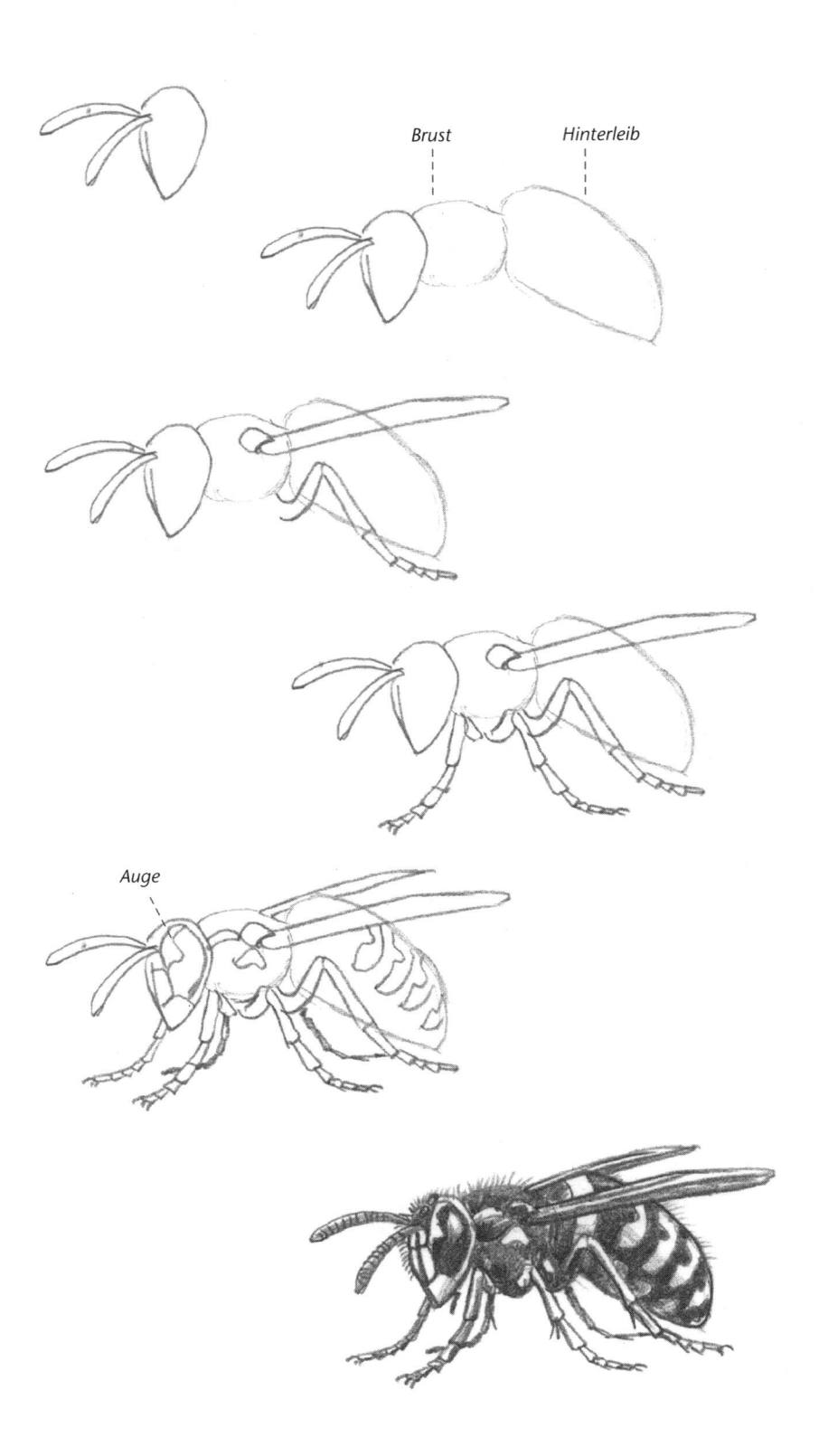

52 Insekten

Insekten-Verwandte

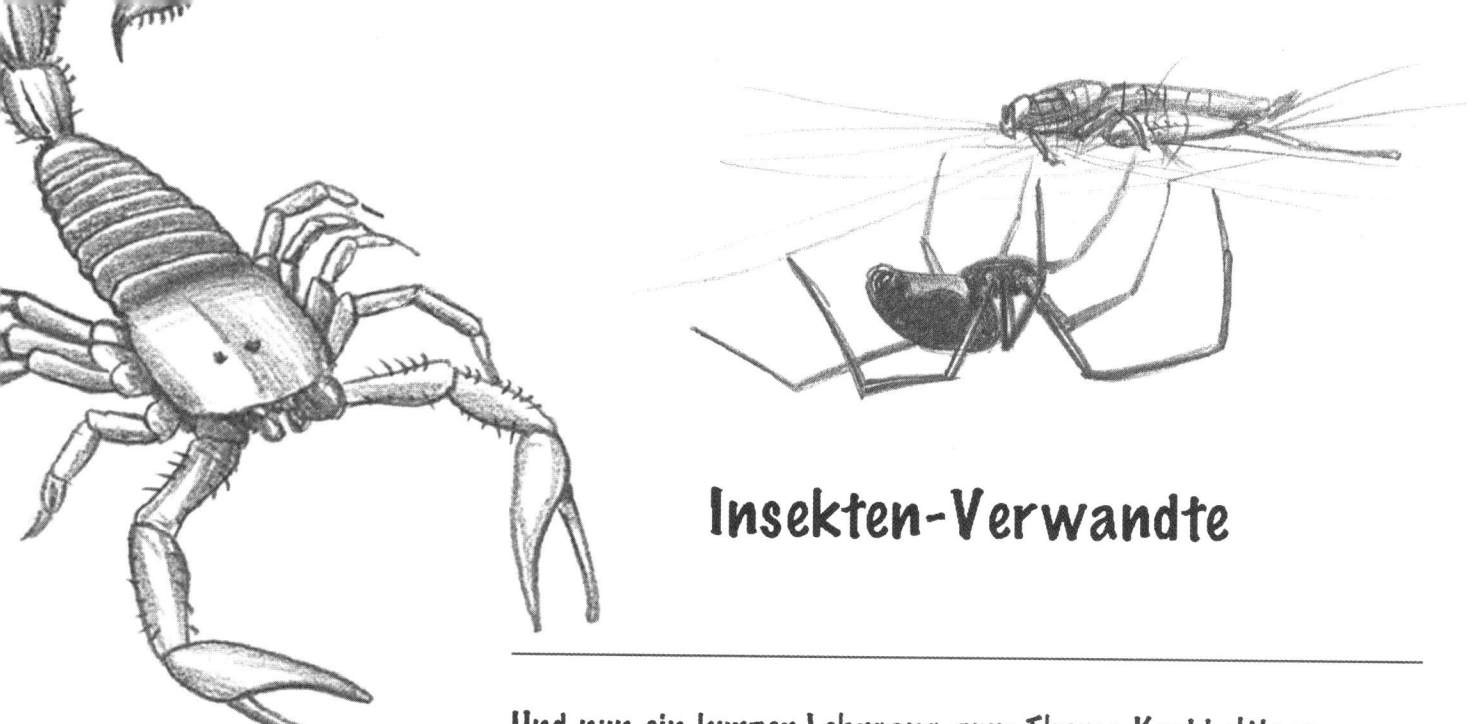

Und nun ein kurzer Lehrgang zum Thema Krabbeltiere:

Wie du dich bestimmt erinnerst, zeichnen sich die Mitglieder der Klasse *Insecta* innerhalb des Stammes *Arthropoda* (Gliederfüßer) durch ihre sechs Beine aus.

Um es zu wiederholen: Insekten haben **sechs Beine! Sechs Stück!**

Wenn aber nun ein Krabbeltier keine **sechs Beine** hat, was ist es dann?

Der Stamm *Arthropoda* umfasst neben der Klasse *Insecta* auch die Klasse *Arachnida* (Spinnentiere), die aus achtbeinigen Spinnen, Skorpionen, Milben, Zecken und Weberknechten besteht – um nur einige zu nennen.

Man kann so einen *Stamm* mit einem Schulgebäude vergleichen. Innerhalb der Schule gibt es einzelne Klassenzimmer (Klassen). Alle Kinder mit acht Beinen gehen in die eine *Klasse*, alle Kinder mit sechs Beinen gehen in eine andere (sehr große) Klasse usw. Die schwierigen Kinder – mit so vielen Beinen, dass man sie nicht zählen kann (vor allem, weil sie *nie still sitzen!*) –, gehen in die spezielle *Klasse* der *Myriapoda* (Tausendfüßer).

Natürlich kann ich dir hier nicht alles über die wissenschaftliche Klassifizierung erzählen.

Merke dir nur eines: Sie sind alle miteinander verwandt.

OK, Ende der Lektion!

Los geht's mit dem Zeichnen ...

Wolfsspinne

Ordnung Araneae
Familie Lycosidae (Wolfsspinnen)

Wolfsspinnen leben in Erdröhren, unter Steinen oder manchmal auch ohne Versteck. Das Weibchen schleppt bis zum Schlüpfen der Jungen einen festgehafteten Eierkokon mit sich herum. Wolfsspinnen sind nachtaktive Jäger und dank ihrer gesprenkelten Färbung gut zwischen Blättern und Steinen getarnt.

Sieh dir die fertige Zeichnung an, *bevor du beginnst!*

Checkliste:

Siehst du
- *zwei Körperteile?*
- *acht Beine?*
- *zwei Kiefertaster?*
- *Augen?*

Wie sieht die Spinne aus?
- *Glatt? Gemustert?*
- *Hart? Weich?*

1. Zeichne einen Halbkreis für den oberen Teil des Kopfs. Zeichne zwei große und sechs kleine Augen (zwei ganz oben, vier unten).

2. Füge die *Kieferfühler (Cheliceren)* und *Kiefertaster (Pedipalpen)* hinzu.

3. Zeichne seitlich des Körpers die aus drei Abschnitten bestehenden Vorderbeine.

4. Verbinde die Beine mit dem Körper.

5. Füge das zweite Beinpaar hinzu, das von den Vorderbeinen stellenweise *überlappt* wird.

6. Zeichne zwei weitere Beinpaare und den rundlichen *Hinterleib.*

7. Füge abschließend sorgfältig Schraffuren, Strukturen und einen *Schlagschatten* hinzu.

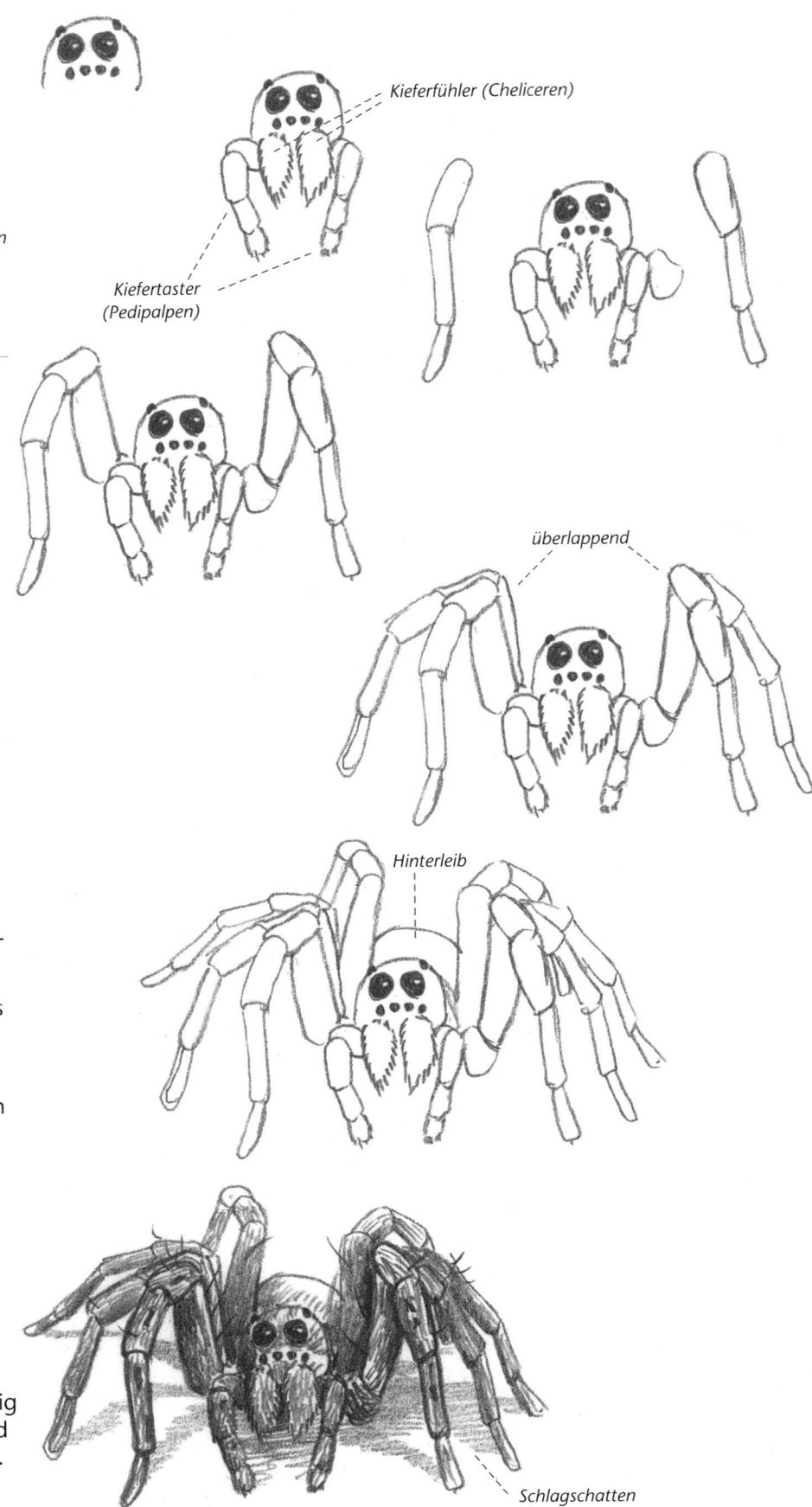

Kieferfühler (Cheliceren)

Kiefertaster (Pedipalpen)

überlappend

Hinterleib

Schlagschatten

54   Insekten

Schwarze Witwe

Sanduhrmuster

Hinterleib *Kopf und Brust (Cephalothorax)*

Ordnung Araneae
Familie Theridiidae (Kugelspinnen)

Diese gefürchtete Spinne mit ihrem roten Sanduhrmuster auf dem Hinterleib flieht meist lieber, anstatt anzugreifen – die Männchen beißen ohnehin nicht. Ihr Name geht darauf zurück, dass die Weibchen ihren Partner nach der Paarung häufig auffressen.

Sieh dir die fertige Zeichnung an, *bevor du beginnst!*

Checkliste:

Siehst du
- *zwei Körperteile?*
- *acht Beine?*

Wie sieht die Spinne aus?
- *Glatt? Gemustert?*
- *Hart? Weich?*

1. Zeichne ein erdnussförmiges Oval für den *Hinterleib* (mit auffälligem *Sanduhrmuster*) und füge ein kleines, flaches Oval für den *Cephalothorax* hinzu.

2. Zeichne ein Bein …

3. … noch eins …

4. … noch eins …

5. … und noch eins.

6. Füge die sichtbaren Teile der übrigen vier Beine hinzu.

7. Schraffiere den Rücken der Spinne. Deute mit ein paar Linien ein Netz an und füge einen toten Grashüpfer (oder ein Insekt deiner Wahl) als Mahlzeit für die Schwarze Witwe hinzu.

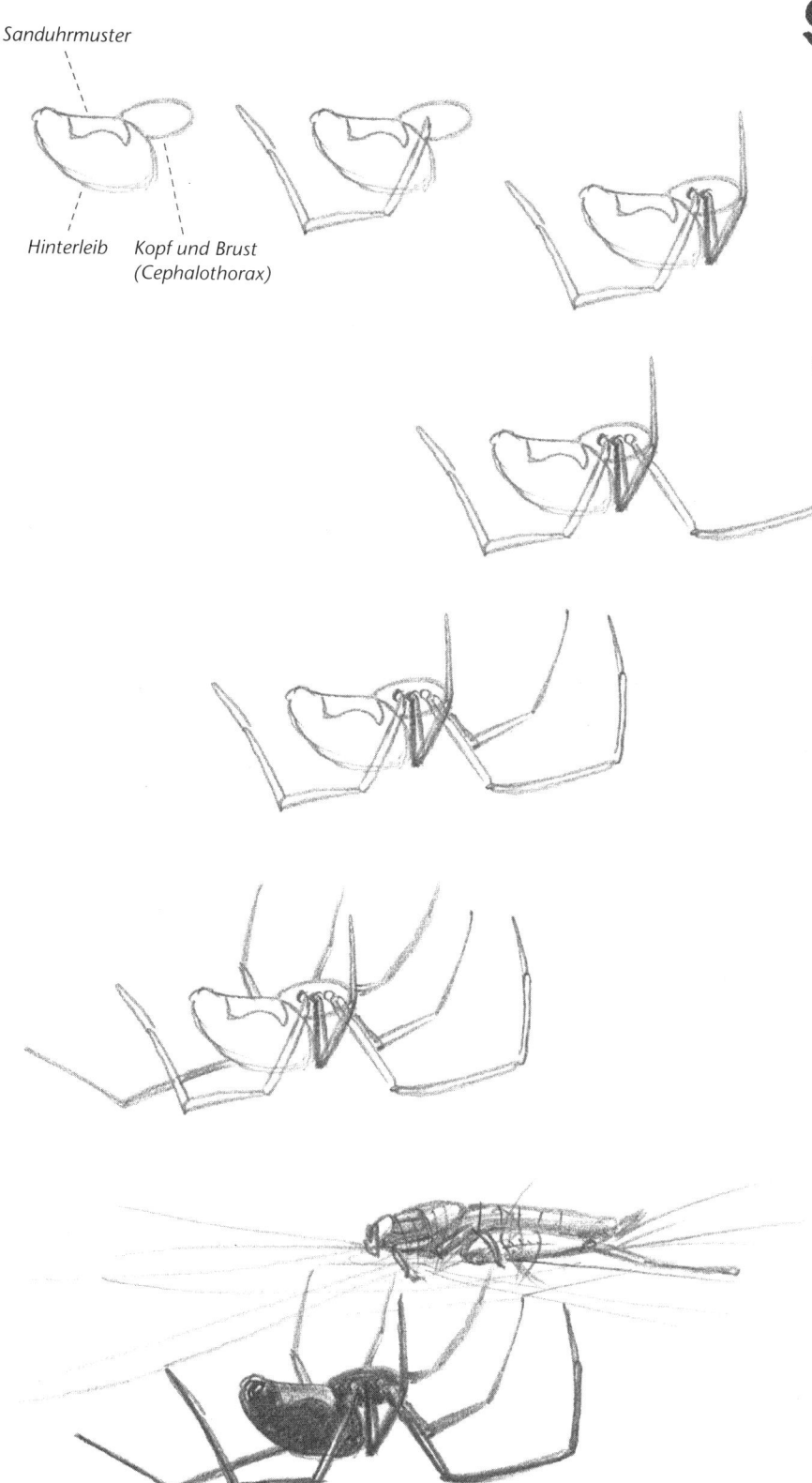

Insekten

Skorpion

Ordnung Scorpionida

Skorpione lähmen oder töten große Insekten, Spinnen und bisweilen auch Echsen mit ihrem Giftstachel. Die meisten Arten greifen den Menschen nicht an, doch ihr Stich kann schmerzhafte Schwellungen verursachen. Vor langer Zeit fürchtete man sich vor einem Skorpion nicht weniger als vor einem Löwen. Skorpione jagen nachts – unter dem Sternbild des Südhimmels, das ihren Namen trägt.

Sieh dir die fertige Zeichnung an, *bevor du beginnst!*

Checkliste:

Siehst du
- *zwei Körperteile?*
- *acht Beine?*
- *zwei Kiefertaster?*
- *Augen?*

Wie sieht der Skorpion aus?
- *Glatt? Gemustert?*
- *Hart? Weich?*

1. Zeichne zuerst die wichtigsten Körperumrisse.

2. Füge Linien auf dem *Hinterleib* hinzu und zeichne den fünffach gegliederten Schwanz mit dem Giftstachel am Ende.

3. Zeichne den rechten *Kiefertaster* mit Greifschere ...

4. ... und dann den zweiten.

5. Füge die vier Paar Laufbeine hinzu, zuerst rechts ...

6. ... dann links.

7. Füge einige Borstenhaare hinzu und schraffiere die Zeichnung.

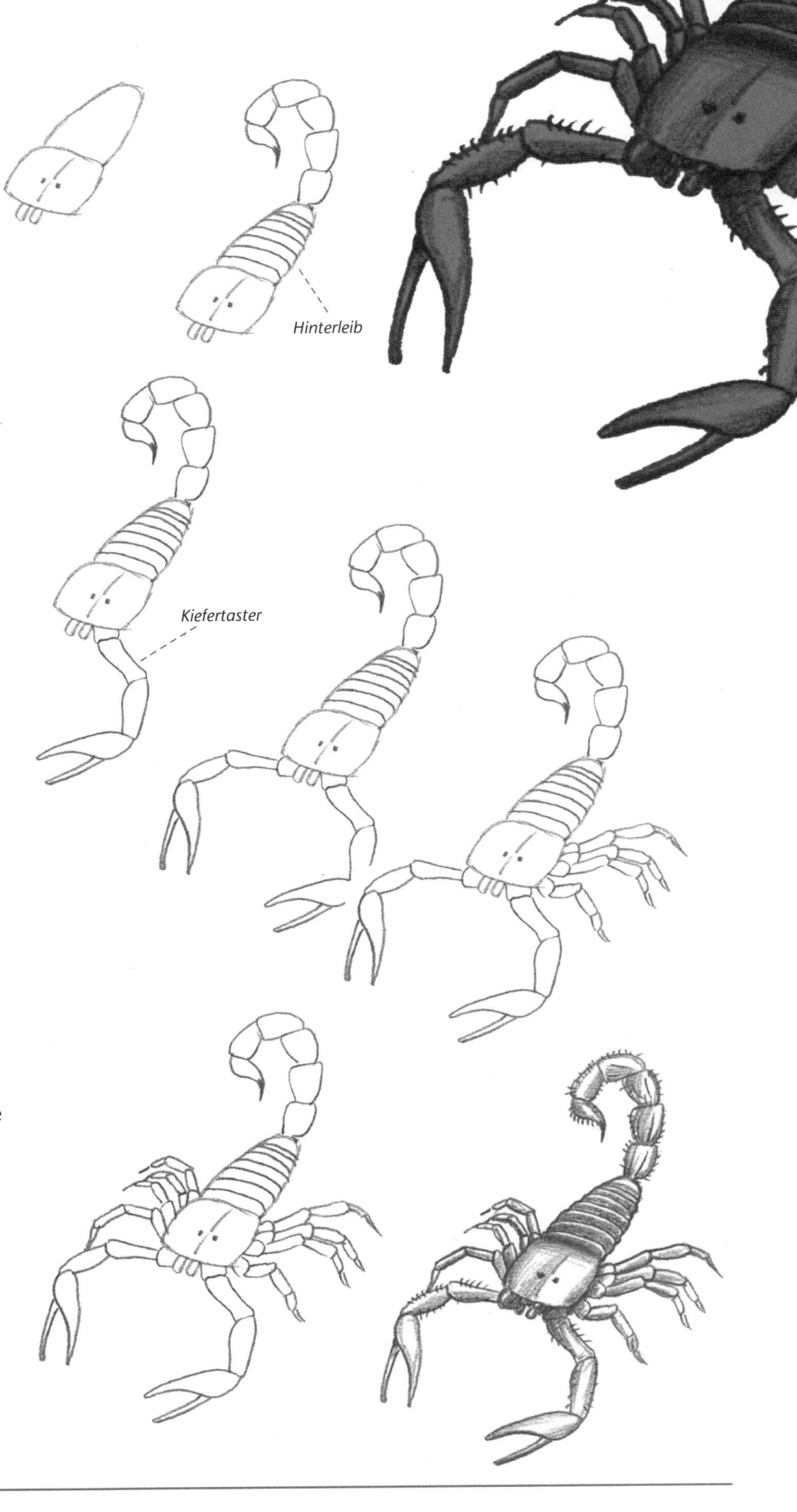

Hinterleib

Kiefertaster

Insekten

Geißelskorpion

Ordnung Uropygi

Geißelskorpione sind nachtaktive Jäger und besitzen einen langen Schwanz anstatt eines Stachels. Sie benutzen ihn, um eine Flüssigkeit zu versprühen, die die Körperhülle ihres Opfers angreift. Wie die Skorpione tragen auch sie ihre Jungen auf dem Rücken, bis diese sich zum ersten Mal häuten und selbstständig werden.

Sieh dir die fertige Zeichnung an, *bevor du beginnst!*

Checkliste:

Siehst du
- *zwei Körperteile?*
- *acht Beine?*
- *zwei Kiefertaster?*
- *Augen?*

Wie sieht der Skorpion aus?
- *Glatt? Gemustert?*
- *Hart? Weich?*

1. Zeichne den *Cephalothorax* und den gegliederten *Hinterleib* sorgfältig nach der Abbildung.

2. Füge die Augen, die *Kiefertaster* mit Greifscheren und den langen, geißelartigen Schwanz hinzu.

3. Zeichne das erste Beinpaar ...

4. ... dann das zweite ...

5. ... das dritte ...

6. ... und das vierte.

7. Vollende deine Zeichnung, indem du Schraffuren und Strukturen hinzufügst. Die Umrisslinien werden deutlicher, wenn du sie mit einem spitzen Bleistift nachziehst.

Kiefertaster
Cephalothorax
Hinterleib

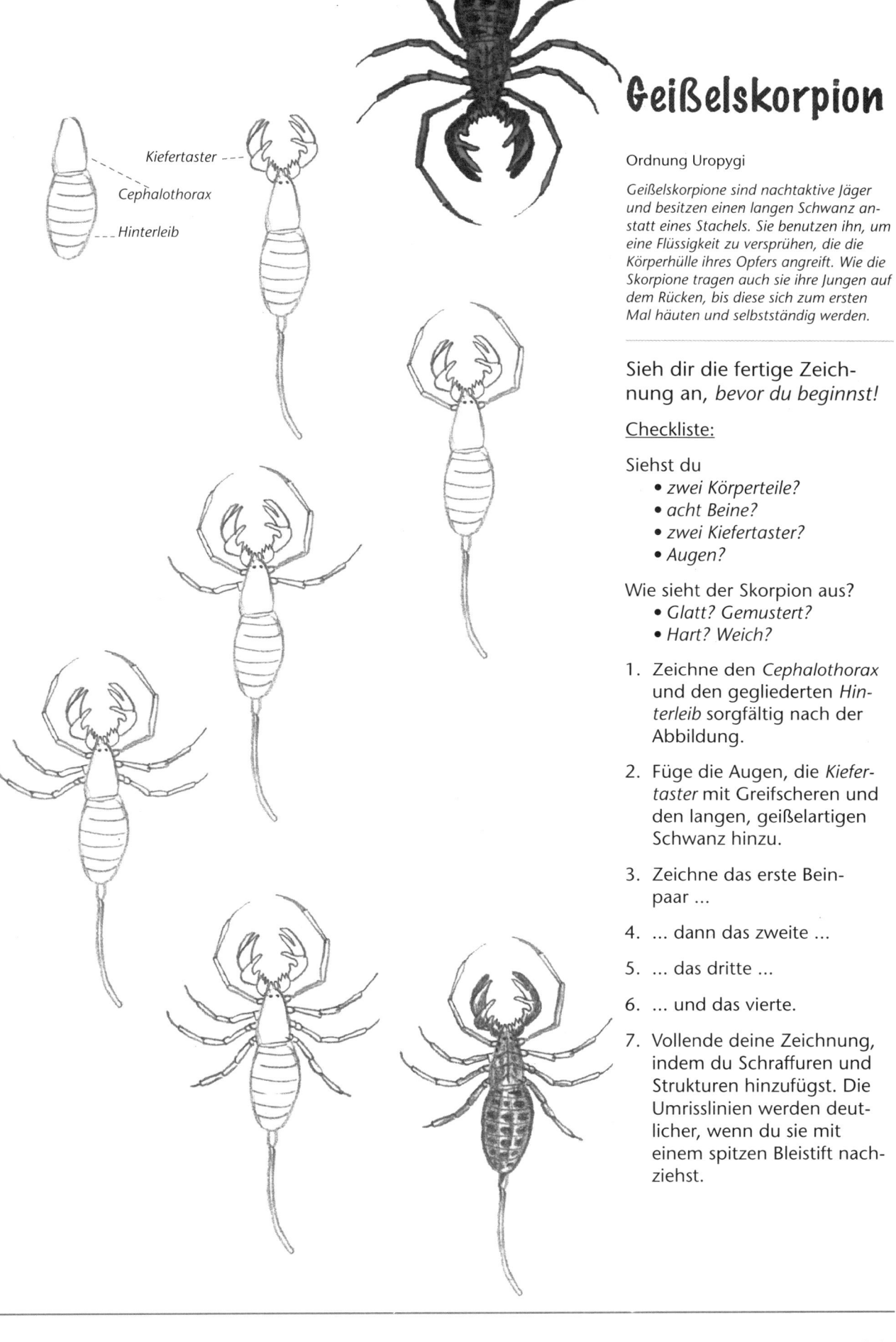

Insekten 57

Weberknecht

Ordnung Opiliones
Familie Phalangiidae (Weberknechte)

Weberknechte ernähren sich von kleinen Insekten und organischen Abfällen. Ihre Beine brechen leicht ab und wachsen nicht wieder nach. Wenn sich einige Weberknechte versammeln, verschränken sie nicht selten ihre Beine ineinander. In Anspielung auf ihre dürren Beine heißen sie im Volksmund „Schneider".

Sieh dir die fertige Zeichnung an, *bevor du beginnst!*

Checkliste:

Siehst du
- *zwei Körperteile?*
- *acht Beine?*
- *zwei Kiefertaster?*
- *Augen?*

Wie sieht der Weberknecht aus?
- *Glatt? Gemustert?*
- *Hart? Weich?*

1. Zeichne ein kleines Oval für den Körper. Deute die winzigen, nach unten gerichteten Mundwerkzeuge an.

2. Füge ein langes, dürres Bein hinzu ...

3. ... noch eins ...

4. ... noch eins ...

5. ... noch eins ...

6. ... noch ... Moment mal, habe mich verzählt!

7. Zähle deine Beine – ich meine natürlich die in deiner Zeichnung! Acht sind genug und mehr gibt's nicht zu tun!

   Es sei denn, du möchtest eine Versammlung von Weberknechten zeichnen, mit einem Gewirr aus ineinander verschränkten Beinen. Warum eigentlich nicht?

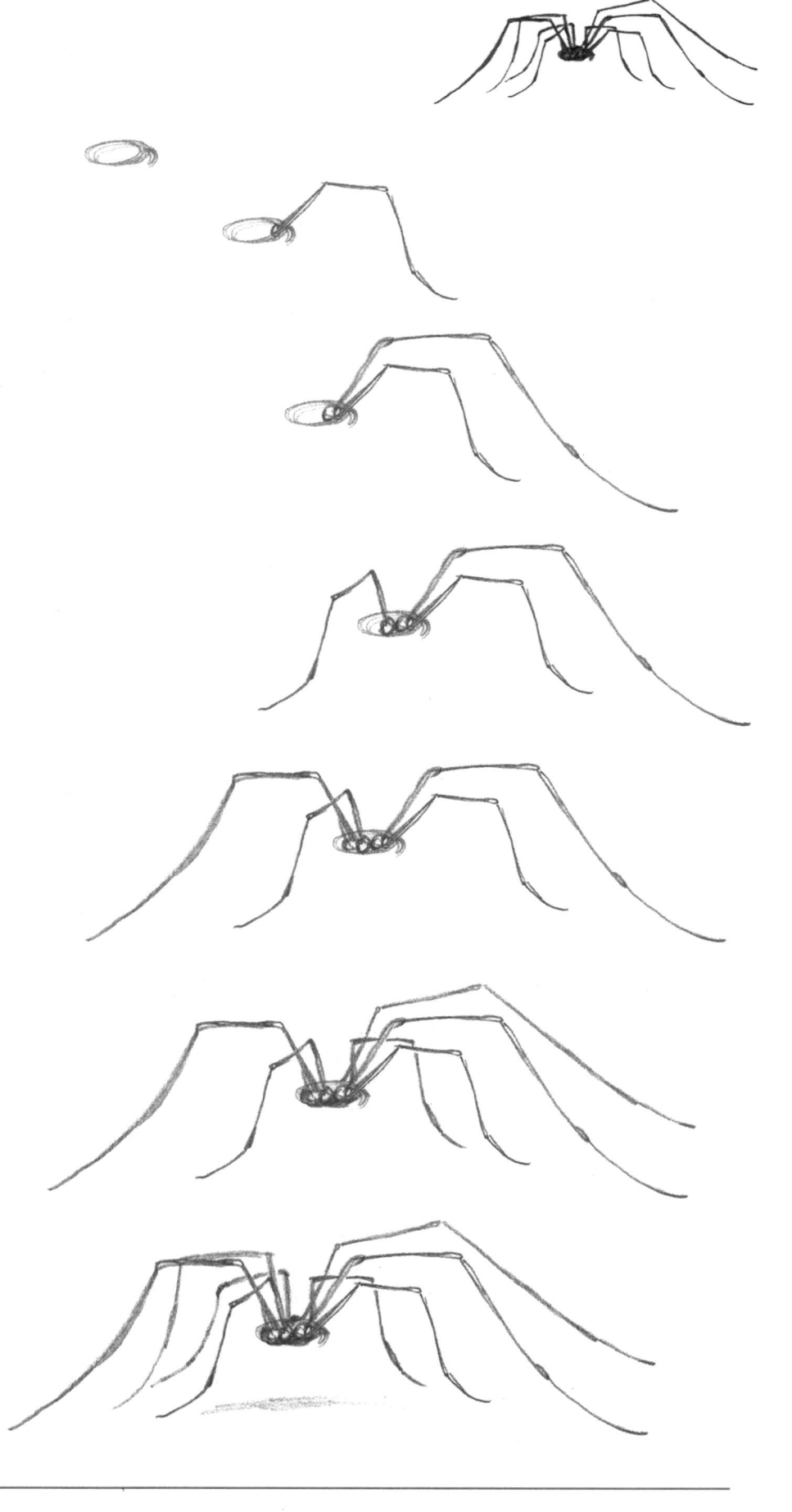

58 Insekten

Cephalothorax   *Hinterleib*

Ameisenspinne

Ordnung Araneae
Familie Clubionidae (Sackspinnen)

Diese Spinne sieht einer Ameise zum Verwechseln ähnlich. Sie ernährt sich von kleinen Insekten. Es gibt orangefarbene, braune, schwarze, gestreifte oder gemusterte Ameisenspinnen. Sie leben in einem sackförmigen Gespinst im Inneren eines eingerollten Blatts, unter Baumrinde oder unter einem Stein.

Sieh dir die fertige Zeichnung an, *bevor du beginnst!*

Checkliste:

Siehst du
- *zwei Körperteile?*
- *acht Beine?*
- *zwei Kiefertaster?*
- *Augen?*

Wie sieht die Spinne aus?
- *Glatt? Gemustert?*
- *Hart? Weich?*

1. Zeichne den *Cephalothorax* und den *Hinterleib*. Beachte die höckrige Gestalt des Hinterleibs: Er ist geformt wie Brust und Hinterleib einer Ameise.

2. Zeichne das Ende des ersten Beins ...

3. ... und verbinde es mit dem Körper. Zeichne das hintere Bein.

4. Zeichne ein weiteres Bein ...

5. ... noch eins ...

6. ... und dann die Beine auf der dir abgewandten Seite.

7. Schraffiere den Körper, doch lass einige Stellen als Glanzpunkte hell. Füge einen kleinen Schatten und einige Punkte hinzu, um Erdkrumen oder Sandkörner anzudeuten.

Insekten

Zecke

Ordnung Acarina
Familie Ixodidae

Das Blut von Säugetieren ist die Nahrungsgrundlage der Zecken. Beim Saugen schwellen sie auf das Mehrfache ihrer normalen Körpergröße an. Dann fallen sie ab, um Hunderte von Eiern zu legen und nach einem neuen Wirt zu suchen. Die spitze „Sonde", mit der sie sich in der Haut verankern, ist mit Widerhaken versehen; deshalb bleibt der Kopf in der Haut zurück, wenn man die Zecke unfachmännisch herauszieht.

Sieh dir die fertige Zeichnung an, *bevor du beginnst!*

Checkliste:

Siehst du
- *zwei Körperteile?*
- *acht Beine?*
- *zwei Kiefertaster?*
- *Augen?*

Wie sieht die Zecke aus?
- *Glatt? Gemustert?*
- *Hart? Weich?*

1. Zeichne den birnenförmigen Körper und den kleinen Kopf einschließlich der Mundwerkzeuge.

2. Füge zwei gegliederte Beine hinzu (damit sie sich beim Saugen festhalten kann) ...

3. ... noch zwei Beinpaare ...

4. ... und noch eins *(jetzt weißt du, dass die Zecke kein Insekt ist, denn sie hat einfach zu viele Beine).*

5. Füge abschließend Schraffuren und Strukturen hinzu.

   Oder zeichne eine Zecke, die schon eine Zeit lang Blut gesaugt hat – und sie wird noch weiter anschwellen, bevor sie abfällt.

   Juck, juck!

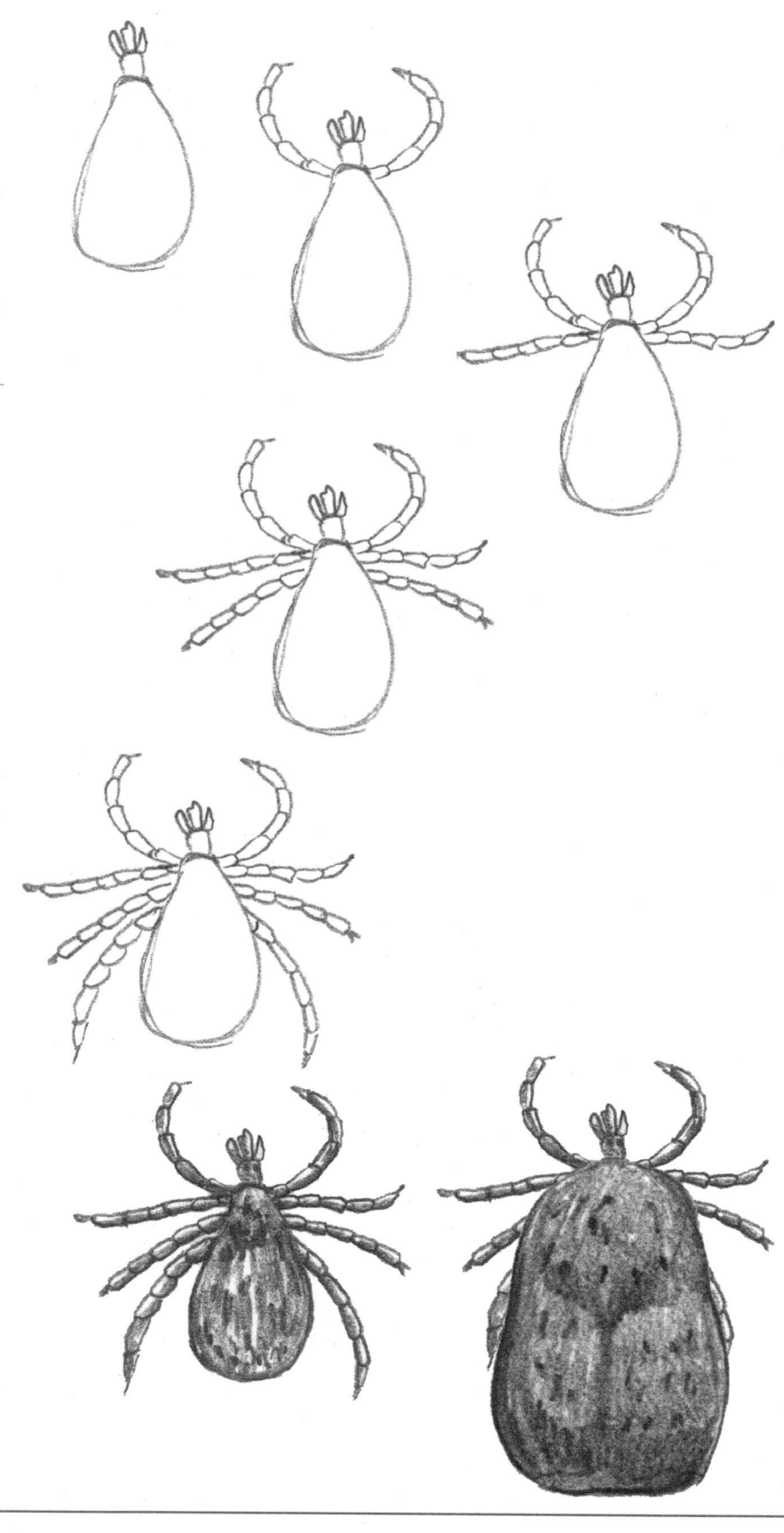

60   Insekten

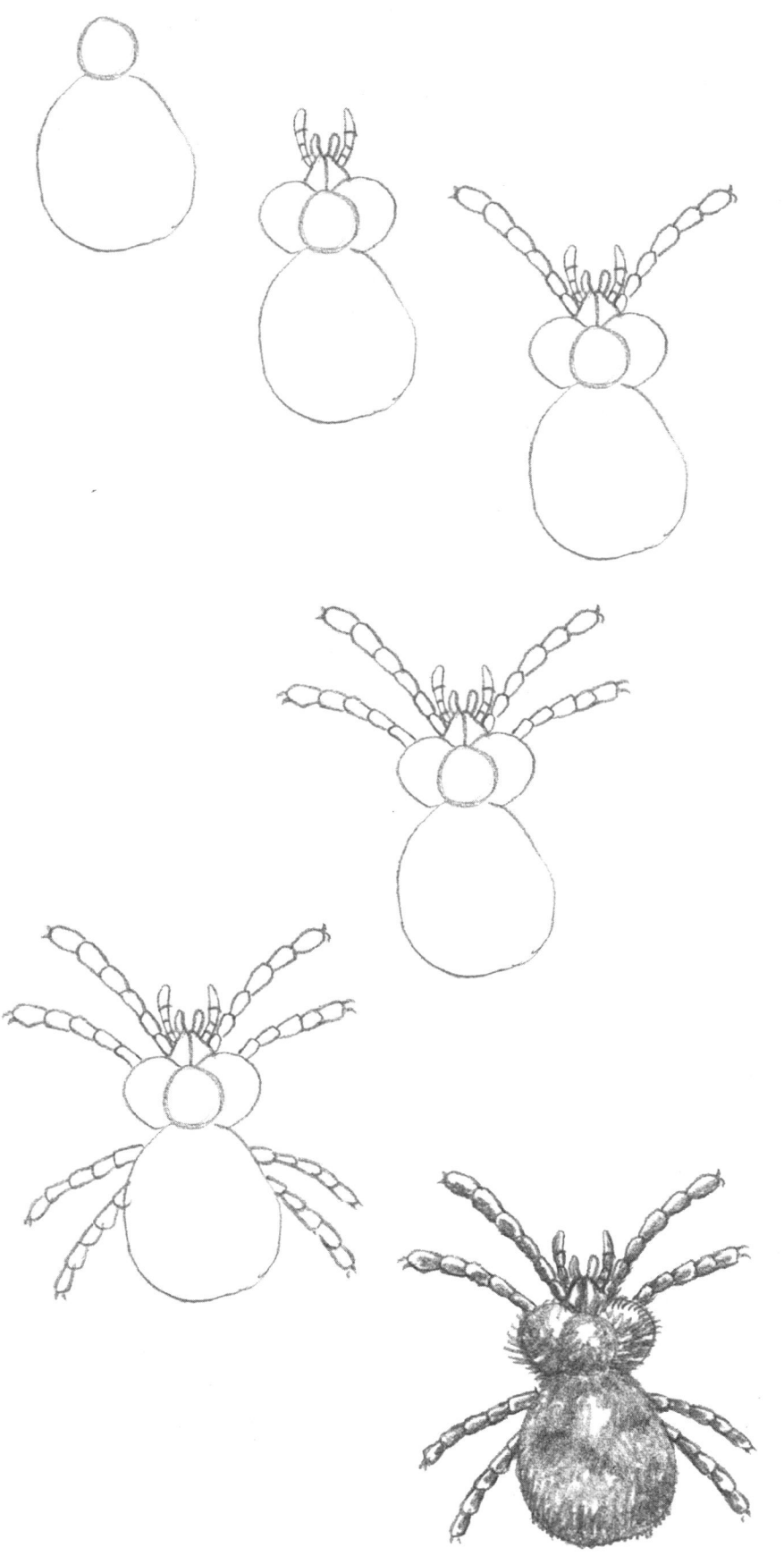

Milbe

Ordnung Acarina
Familie Trombidiidae (Laufmilben)

Weltweit gibt es rund 20 000 Milbenarten; nicht alle besitzen die gleiche Form, doch die meisten Milben sind winzig. Einige sind nützlich, da sie Blattlauseier fressen; andere ernähren sich von Pflanzen und schwächen sie dadurch. Die Sammetmilbe ist leuchtend scharlachrot gefärbt. Ihre parasitären Larven attackieren Insekten, Spinnen, Weberknechte und Skorpione.

Sieh dir die fertige Zeichnung an, *bevor du beginnst!*

Checkliste:

Siehst du
- zwei Körperteile?
- acht Beine?
- zwei Kiefertaster?
- Augen?

Wie sieht die Milbe aus?
- Glatt? Gemustert?
- Hart? Weich?

1. Zeichne ein großes Oval und darüber einen kleinen Kreis.

2. Füge dem Kreis zwei runde Ausbuchtungen hinzu, dann zwei Dreiecke für den Kopf sowie Fühler und Mundwerkzeuge.

3. Zeichne die beiden ersten gegliederten Beine, die vom Kopf aus seitlich nach oben weisen.

4. Zeichne das zweite, weiter nach außen deutende Beinpaar.

5. Zeichne zwei weitere Beinpaare.

6. Füge Schraffuren und Strukturen hinzu.

Insekten

Riesenläufer

Ordnung Scolopendromorpha

Mit ihren 21 oder 23 Beinpaaren sind die zu den Hundertfüßern gehörenden Riesenläufer recht flink. Meist leben sie unter Steinen. Die größten Hundertfüßer, so auch der abgebildete, sind in tropischen und subtropischen Regionen zu Hause. Sie sind nicht ungefährlich, denn ihr Biss ist sehr schmerzhaft.

Sieh dir die fertige Zeichnung an, *bevor du beginnst!*

Checkliste:

Siehst du
- *22 Körperteile?*
- *42 Beine?*
- *zwei Kieferfühler (Pedipalpen)?*
- *Augen?*

Wie sieht der Riesenläufer aus?
- *Glatt? Gemustert?*
- *Hart? Weich?*

1. Zeichne einen gekrümmten langen Wurm.

2. Teile ein kleines Oval für den Kopf ab und zeichne die kleinen, gegliederten Kieferfühler. Füge 20 Bogenlinien für die Körpersegmente hinzu.

3. Zeichne die gegliederten Fühler und die beiden am Ende hervorstehenden Beine. Füge das erste Beinpaar hinzu, dann das zweite ...

4. ... und immer weiter, bis du 21 Beinpaare gezeichnet hast! Lass beim Schraffieren einen Streifen heller, damit der Körper glänzend erscheint.

Ob solch ein Hundertfüßer wohl ein geeignetes Haustier wäre?

Insekten

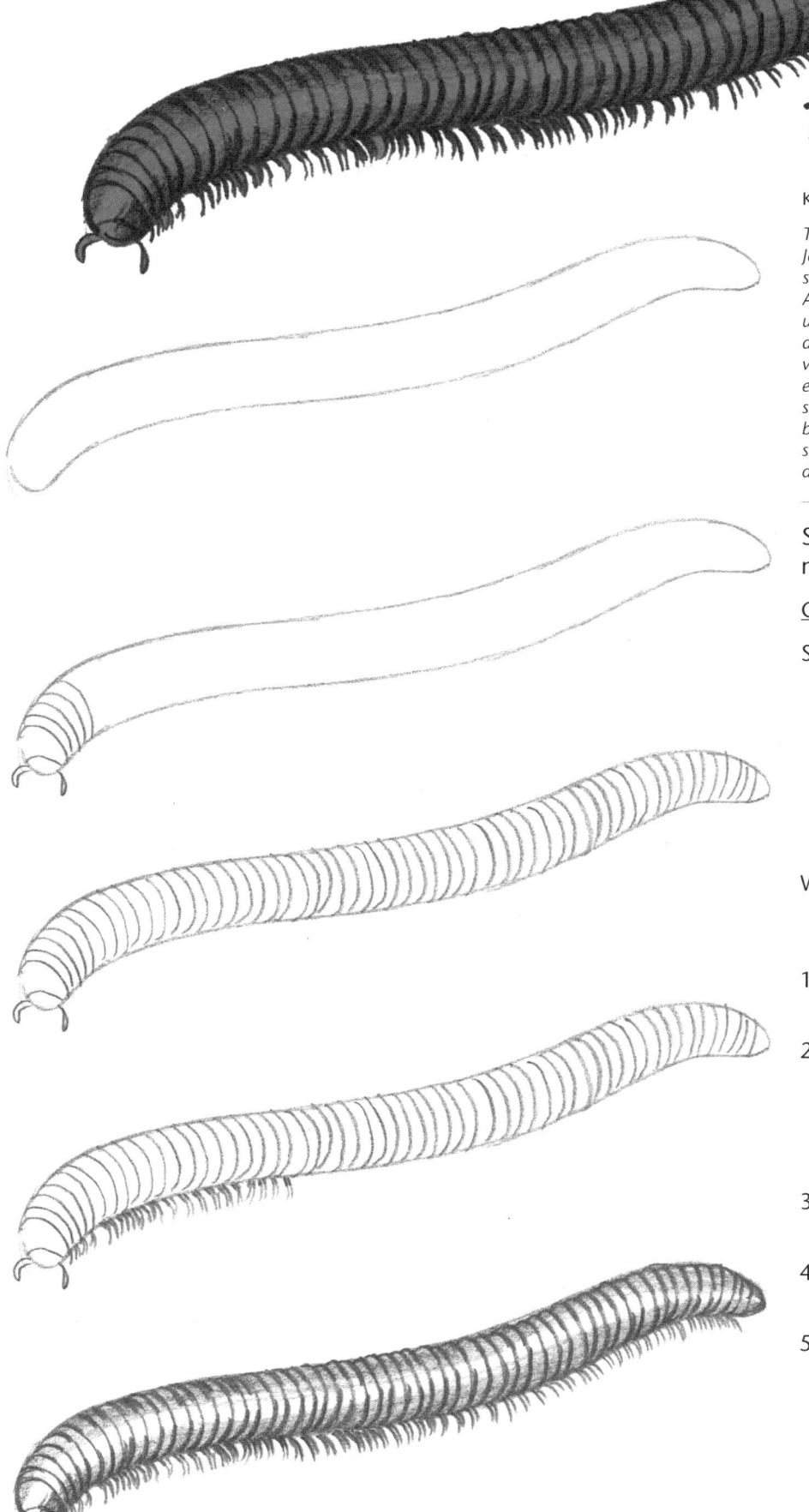

Tausendfüßer

Klasse Myriapoda

Tausendfüßer gibt es bereits seit vielen Jahrmillionen. Dieser afrikanische Riesenschnurfüßer gehört zu einer Familie, die in Afrika und Südamerika bis heute nahezu unverändert fortbesteht – ein Beleg dafür, dass beide Kontinente einst miteinander verbunden waren. Tausendfüßer lieben eine feuchte Umgebung und ernähren sich meist von verrottenden Pflanzen. Sie besitzen ein schützendes hartes Außenskelett und oft auch Giftkrallen als Verteidigungsmittel.

Sieh dir die fertige Zeichnung an, *bevor du beginnst!*

Checkliste:

Siehst du
- *rund eine Million Körperteile?*
- *vielleicht zwei Millionen Beine?*
- *zwei Kieferfühler (Pedipalpen)?*
- *Augen?*

Wie sieht der Tausendfüßer aus?
- *Glatt? Gemustert?*
- *Hart? Weich?*

1. Zeichne einen leicht gekrümmten fetten Wurm.

2. Füge zwei kleine Fühler hinzu. Zeichne ein paar kurze Bogenlinien für die Körpersegmente (der Körper soll rund erscheinen) ...

3. ... und noch viele, viele weitere!

4. Zeichne die kleinen Krabbelbeine, zuerst ein paar ...

5. ... und dann unzählige weitere!

Lass beim Schraffieren in der Mitte einen waagerechten Streifen hell, damit dein kleiner Krabbelfreund schön rund und fett wirkt.

Insekten

Zeichnen Schritt für Schritt
Alle Titel:

Abenteuer Galaxis
Autos
Dinosaurier
Insekten
Meerestiere
Perspektive
Ritter & Drachen
Sportler
Steppentiere
Urwaldtiere
Wüstentiere